Peter Laudenbach – Die elfte Plage

Peter Laudenbach ist Journalist und Theaterkritiker und schreibt über Theater, Kultur und Wirtschaft und darüber, was das eine mit den anderen zu tun hat. Regelmäßig für die *Süddeutsche Zeitung*, den *tip* und *brand eins*.

Edition
TIAMAT
Deutsche Erstveröffentlichung
Herausgeber:
Klaus Bittermann
1. Auflage: Berlin 2013
© Verlag Klaus Bittermann
www.edition-tiamat.de
Umschlag: Felder Kölnberlin Grafikdesign
ISBN: 978-3-89320-177-8

Peter Laudenbach

Die elfte Plage

Wie Berlin-Touristen die Stadt zum Erlebnispark machen

Critica Diabolis 206

Edition TIAMAT

INHALT

Einchecken:
Touristen sind eine Plage

Die Bibel kennt zehn Plagen, Berlin kennt viele Plagen. Eine der lästigsten ist der Berlin-Tourist. Er gehört zu Berlin wie Ben Becker, die *B.Z.*, Baupleiten, der Potsdamer Platz, Schultheiss-Bier oder Claus Peymann: Nicht schön, aber unvermeidlich.

Tagsüber belästigen Berlin-Touristen andere Verkehrsteilnehmer und kurven auf Bier-Bikes um das Brandenburger Tor. Fröhlich und ohne sich den Appetit verderben zu lassen, picknicken sie am Mahnmal für die ermordeten Juden. Mit ausgebreiteten Stadtplänen vor sich irren sie durch die Straßen. Mit kindlicher Freude bestaunen sie Straßencafes und Punks, Altbauten, Schaufenster und das Bundeskanzleramt. Gerne stehen Berlin-Touristen auch auf Radwegen und wundern sich über die Radfahrer. Natürlich ohne auf die Idee zu kommen, beiseite zu treten. Selbst die Benutzung der U-Bahn übersteigt ihre Fähigkeiten. Dann stehen sie palavernd vor dem rätselhaften Fahrkarten-

Automaten. Vielleicht halten sie ihn für eine Sehenswürdigkeit. Nachts sorgen erlebnisorientierte Touristen für Arbeitsplätze in Gastronomie und Drogenhandel.

Wer einmal enthemmte Berlin-Touristen in den späten Abendstunden in einem U-Bahn-Waggon oder der Straßenbahn erleben durfte, weiß, dass es sich bei dieser Spezies um das von der Evolutionsbiologie lange gesuchte Missing Link zwischen Primaten und Homo Sapiens handeln muss.

Berlin-Touristen verwechseln die Stadt mit einem Erlebnispark, das Nachtleben mit dem Ballermann und die Eingeborenen mit pittoresken Deko-Elementen. Möglicherweise ja zu Recht.

Berlin-Touristen neigen dazu, mit der Ankunft am Ziel ihrer Reise jede Höflichkeit abzulegen und den Verstand abzuschalten, um sich der fröhlichen Regression hinzugeben, am liebsten lautstark. Sie haben irgendwo gehört, Berlin, dieses gemütliche Dorf, sei ein Ort der unglaublichsten Ausschweifungen. Vielleicht haben sie zu viel »Spiegel TV« gesehen oder verwechseln Helene Hegemanns Berghain-Fiktion aus Versehen mit einem Tatsachenbericht. Also machen Berlin-Touristen zwecks Anpassung an die örtlichen Sitten und Gebräuche ganze Straßenzüge unbewohnbar, indem sie sie als

Freiluftausschank okkupieren. Berlin-Urlaub bedeutet für den Erlebnistouristen offenbar auch Urlaub vom Ich und der heimischen sozialen Kontrolle.

»Der Reisende nimmt sich ja stets einige Freiheiten heraus, er pflegt für kurze Zeit jedenfalls ein kleines Ausnahme-Ego. Und ist in seinen Einsatzgebieten zwangsläufig eine Zumutung für andere«, seufzt der Berliner Kulturwissenschaftler Joseph Vogl im Gespräch mit dem Journalisten Thomas Steinfeld. Dass Berlin dem touristischen Ausnahme-Ego besonders großzügig Auslauf bietet, dürfte einer der Hauptgründe für den Boom dieser Tourismus-Destination sein.

Mindestens so seltsam wie Berlin-Touristen sind Touristen-Hasser. Seit einiger Zeit wollen Kreuzberger, die selbst vor Jahren aus der Provinz zugewandert sind, ihren Stadtteil vor touristischer Überfremdung schützen. Zu diesem Zweck sprayen sie in deutscher Tradition »Touristen raus« an die Wände. Die Partei »Die Partei« parodierte die Xenophobie des Kreuzberger Heimatschutzes zielsicher mit einem Wahlkampfplakat: »Kriminelle Touristen abschieben.«

Auf einer Anwohnerversammlung zum Thema, zu der die Kreuzberger Grünen geladen hatten, forderten aufgebrachte Kreuzberger in aller Unschuld eine »Bannmeile« um ihren

Bezirk zu ziehen, auf dass die böse, große, bedrohliche Welt da draußen mit ihren Touristen doch bitte draußen bleiben möge.

Auch die Parole »Touristen fisten« erfreut sich an Berliner Häuserwänden zunehmender Beliebtheit. Die Forderung ist so takt- wie sinnlos. Schon weil nicht wenige Touristen genau zu diesem Zweck anreisen. Die provinziellen Kreuzberger Ressentiments gegen Fremde sind die Folge einer aggressiven Überidentifikation der Zugereisten mit ihrem Siedlungsgebiet. Das kann uncharmante Folgen haben, wenn alternative Spießer jeden, der nicht so schluffig durchs Leben trottet wie sie, für einen Agenten der Gentrifizierung halten: »Freunde von uns sind im Görlitzer Park mit Flaschen beworfen und als Touristen beschimpft worden, nur weil sie etwas schicker angezogen waren. Es gibt in jedem Fall eine virulente Gefahr, dass sich die Angriffe auf Hipster, Touris und Zugezogene radikalisieren. Der ein oder andere kommt vielleicht auf die Idee, ein neues Hotel einfach mal anzuzünden oder Menschen tätlich anzugreifen«, glauben Aktivisten der »Hipster Antifa Neukölln«.

Als spöttische Gegenreaktion auf solche alternative Heimatschutzbemühungen fordert die gut gelaunte »Hipster Antifa Neukölln« ausdrücklich »mehr Soja Latte, Wi-Fi und

Bioläden« im Problembezirk. Das ist das Schöne an Kreuzberg: Selbst die eher banale Frage, ob Touristen eine Zumutung oder vielleicht einfach nur Kunden sind (wir vermuten: beides), wird zum ideologischen Konflikt, bei dem es schnell mindestens um die Weltrevolution geht. Aber in den Kreuzberger Aufgeregtheiten spiegelt sich, stark vergrößert, das Unbehagen und Konfliktpotenzial, das entsteht, wenn sich eine Stadt partiell zum Touristen-Resort macht.

Dieses Buch besichtigt die Berlin-Touristen im Vorübergehen, also genau so wie der Tourist die Stadt besichtigt: Willkürlich, ungerecht, dem Zufall vertrauend, und natürlich ohne Anspruch auf endgültige, gar objektive Wahrheiten.

Tourismus-Hasser sind dem Autor so suspekt wie Touristen. Er verfolgt keine Thesen und will nichts beweisen. Aber er interessiert sich für das Phänomen, dass der Tourismus die Stadt gerne als Bühnenbild, als Kulisse, als Fassade bespielt. Wer am Berlin-Tourismus verdienen will, liefert die vom Berlin-Besucher erwarteten Bilder der Stadt. Sei es die Kulisse einer wilden Kreativ-Metropole, eines modernistischen Hochhausareals oder eines historischen Berlins.

Wovon die Theateravantgarden seit Meyerhold bis Matthias Lilienthals theatralischen Berlin-Exkursionen (»X Wohnungen«) und der Site Specific Art unser Tage geträumt haben, ist längst Realität: Dem touristischen Blick ist die Stadt selbst zur Bühne geworden. Touristische Orte haben etwas Irreales. Die Hackeschen Höfe, der Kollwitzplatz, das Brandenburger Tor, die Strandbars, die Karaokeshows im Mauerpark oder die Kneipenstraßenzüge in Friedrichshain gehen auf in ihrer postkartenmotivartigen Kulissenhaftigkeit.

Ob beim Projekt, das Fake-Remake einer preußischen Schlossfassade zu errichten, ob in der Berghain-Erlebnis-Gastronomie oder bei öffentlichen Massen-Events aller Art – das Tourismusspektakel dient als Erlebnisangebot für die zahlenden Gäste. Wenn die Stadt zur Bühne und zur Kulisse der Erlebnisindustrie wird, bleiben für die Menschen, die in dieser Stadt leben und sie altmodischerweise lieber für eine Stadt als für einen Freizeitpark halten würden, Risiken und Nebenwirkungen nicht aus.

Das ist kein Grund für kulturpessimistische Klagegesänge. Der Berlin-Tourist ist auch nur eine bizarre Berliner Sehenswürdigkeit, Stoff für verwunderte Beobachtungen. Der einzige Sinn dieses Buches ist selbstverständlich der gleiche, der auch die mobilen Würstchenverkäufer am Alexanderplatz, den Regierenden Bürgermeister und andere Servicekräfte dazu bringt, sich Touristen zu widmen, statt dem natürlichen Impuls zu folgen und diese lärmenden, seltsamen Leute zu ignorieren.

Wir wollen am Tourismusboom mitverdienen.

Indem wir Touristen beleidigen.

Berlin-Touristen mögen das.

Sonst würden sie sich ja schönere Reiseziele aussuchen.

Sie sind überall!
Und sie werden mehr

Der Eindruck, dass Berlin von Touristen besetzt ist wie eine Stadt von feindlichen Truppen, die sich nehmen, was sie wollen, wäre etwas übertrieben. Eher wälzen sich die Touristenfluten träge, friedlich und etwas klebrig durch die Einkaufszonen, Museen und Absturzclubs.

Adornos schönes Bonmot zur Kulturindustrie bewahrheitet sich auch im touristischen Berlin: »Fun ist ein Stahlbad. Die Vergnügungsindustrie verordnet es unablässig. Lachen in ihr wird zum Instrument des Betrugs am Glück.«

Im statistischen Durchschnitt halten sich jeden Tag rund 500.000 Touristen in Berlin auf. Auf jeden Siebten der gut 3,5 Millionen Berliner kommt ein Tourist. Weil die Gäste eher im Stadtzentrum als in Spandau, Lichtenrade oder Hellersdorf die Gehwege, Gaststätten und Einkaufszonen verstopfen, kann man in Berlin-Mitte, am Brandenburger Tor, im Comicladen »Grober Unfug«, am Potsdamer Platz, im KaDeWe oder im Kater Holzig leicht Szenarien wie in Venedig besichtigen: Mehr Touristen als Einheimische.

Im Zweifel sind Berliner Aboriginals in solchen Situationen vor allem als Deko-Elemente, Kellner, Andenkenverkäufer, Galeristen oder andere Servicekräfte gefragt. Unter Umsatzgesichtspunkten ist der Berlin-Tourist nur ein Geldbeutel auf zwei Beinen. Und damit ist er ein Fall für die Marktforschung: Im Schnitt gibt er (mit Übernachtung) am Tag gut 200 Euro in der Stadt aus. Tagesgäste sind geiziger, sie geben nur circa 35 Euro aus.

Wer die Stadt als Kunde nutzt, will entsprechend behandelt werden: Dass ihnen die Stadt zu Diensten zu sein hat und ihre Bewohner vor allem Dienstleister sind, ist für die touristischen Endverbrauchermassen selbstverständlich. Weshalb sollte das in Berlin anders als in Bangkok, Venedig oder Mallorca sein.

Das führt zu aparten Szenen. Eine Malerin, die an einem schönen Platz in Kreuzberg ihr Atelier in einer Ladenwohnung hat, berichtet, dass im Sommer regelmäßig Touristen, gerne in Gruppen, gerne mit Bierflasche in der Hand, in größter Selbstverständlichkeit durch die offene Tür marschieren, sich kurz umschauen und wieder gehen. Einfach so, ohne auch nur zu grüßen. Gerne wird auch ihre Toilette benutzt, natürlich ohne um Erlaubnis zu fragen.

Ein Bewohner der Kreuzberger Graefestraße berichtet, wie eines Tages eine Gruppe aufgekratzter Touristen an seiner Tür klingelte. Sie wollten mal kurz in seine Wohnung und durch sein Wohnzimmerfenster schauen. Sie hatten gehört, dass auf der anderen Straßenseite Til Schweiger wohnen soll. Als der verwunderte Mieter sie fragte, ob sie selbst wildfremde Menschen in ihre Wohnung lassen würden, erntete er pikierte bis beleidigte Reaktionen. Der Tourist geht in aller Unschuld davon aus, dass die gesamte Stadt keine andere Aufgabe hat, als seinem Vergnügen zu dienen. Das ist nicht bösartig, das ist in Ferien-Resorts so üblich.

Verglichen mit den Touristen in anderen Feriengebieten benimmt sich der Berlin-Besucher geradezu höflich. Auf Bali waren im März 2013 zwei Touristen aus Estland sehr überrascht, als ihr Paarungsakt in einem Hindu-Tempel auf leichte Irritation bei den Gläubigen stieß. Die beiden Touristen sagten im anschließenden Polizeiverhör, »sie hätten nicht gewusst, dass Sex in Tempeln auf Bali verboten sei«, meldete die *Berliner Zeitung*. Das Muster ist das gleiche wie in Kreuzberg: Dem Touristen wird alles zum Amüsierangebot. Dass eine Stadt oder ein Tempel auch noch andere Funktionen haben könnte, als ihm Pläsier aller Art zu bereiten, ist dem Touristen nur mühsam zu vermitteln.

Die Kaufkraft schafft Tatsachen. Und die Kaufkraft der Berlin-Touristen ist enorm. 2011 ließen sie über 10 Milliarden Euro Bruttoumsatz in der Stadt – knapp 50 Prozent mehr als noch 1999. Bis 2020 könnten es nach Schätzungen von McKinsey bis zu 19 Milliarden Euro im Jahr sein. »Der touristische Beitrag zum (Berliner) Volkseinkommen liegt bei 7,9 Prozent«, rechnet Visit Berlin vor, die für das Tourismus-Marketing zuständige »Berlin Tourismus- & Kongress GmbH«. Laut Visit Berlin leben 275.000 Arbeitnehmer in Berlin vom Tourismus – das wäre fast ein Viertel der 1,2 Millionen sozialversicherungspflichtig Beschäftigten. Auch wenn die Schätzungen von Visit Berlin sehr optimistisch sind, auch wenn die Berlin-Vermarkter genau genommen nicht von 275.000 Jobs, sondern von einem »Beschäftigungsäquivalent« sprechen, das sie berechnen, indem sie den im Tourismus generierten Bruttoumsatz durch das durchschnittliche Berliner »Volkseinkommen« (knapp 17.000 Euro im Jahr) teilen, und auch wenn viele Jobs im Tourismus prekär und schlecht bezahlt sind: Die Umsatz- und Beschäftigungszahlen sprechen eine deutliche Sprache. Sie sorgen zum Beispiel in der Politik für großen Respekt vor der Branche. Die Unternehmensberatung McKinsey feierte schon 2010 den Tourismus als »Berlins größten Jobmotor«.

Und dieser Motor läuft auf Hochtouren: In einer Studie mit dem schönen Titel »Berlin 2020. Unsere Stadt« prognostiziert McKinsey, dass der Tourismus bis 2020 bis zu 115.000 zusätzliche Job schaffen könnte.

Die McKinsey-Berater, die mit dem kühlen Blick von vor allem an Rendite-Chancen interessierten Vermarktern die Stadt wie jedes andere Markenprodukt analysieren, wissen auch, wie sich die Marke Berlin noch besser touristisch verwerten lässt: Neue Märkte müssen für den Berlin-Tourismus erschlossen werden. »Dafür ist mehr Marketing in China nötig«, dekretiert McKinsey. Aber Marketing genügt nicht. Auch das Produkt selbst, also die Stadt, muss sich auf die neuen Zielgruppen einstellen:

»Um die Wachstumschancen im chinesischen Europa-Tourismus realisieren zu können, ist das Angebot in Berlin weiter zu verbessern. So kann Berlin sich gezielt auf die chinesische Ein-Kind-Familie einstellen oder das ausgeprägte Image Berlins als Kunst- und Kulturstadt nutzen. Kinderbildungsreisen oder Themenreisen rund um die in China sehr bekannten Berliner Philharmoniker bieten sich also geradezu an«, fordern gewohnt forsch die McKinsey-Berater. Aber nicht nur Chinesen sollen zum Umsatzwachstum beitragen. Auch bei der Zielgruppe zahlungskräftiger Besucher im Rentenalter sieht McKinsey Nachholbedarf:

»So waren nur etwa 10 Prozent der Berlin-Besucher älter als 60 Jahre, während diese Altersgruppe 26 Prozent der Gesamtbevölkerung ausmacht. Mit gezielten Angeboten an die einkommensstarken Best Agers könnte Berlin in diesem Segment wachsen.«

Man muss die McKinsey-Studie nicht allzu ernst nehmen. Sie wurde nicht im Auftrag des Landes Berlins verfasst. Sie dient vor allem der Selbstvermarktung der allseits beliebten Unternehmensberater, die sich seit Jahren verstärkt um Aufträge staatlicher und kommunaler Stellen bemühen. Aber die Lektüre der McKinsey-Studie ist aufschlussreich. So konsequent können nur Unternehmensberater eine Stadt als Produkt definieren, das sich gefälligst an die Wünsche des Marktes anzupassen hat.

Die Forderung, Berlin attraktiver für den Tourismus wohlhabender Rentner zu machen, bedeutet im logischen nächsten Schritt, die entsprechenden städtischen Zonen von Gruppen zu reinigen, die das Wohlgefühl der umworbenen »Best Ager« stören könnten – zum Beispiel lautstarke Jugendliche, Punks, Obdachlose, Demonstranten, Einkommensschwache. Und wenn die Berliner Philharmoniker in McKinseys »Berlin 2020« im Dienst der »Wachstumschancen im chinesischen Europa-Tourismus« auftreten, könnten sie ja vielleicht auch ihr Programm ein wenig an dieser Zielgruppe orientieren: Lang Lang in der Philharmonie, aber bitte kein Ai Weiwei in der benachbarten Neuen Nationalgalerie. Dass Berliner in dieser schönen neuen Welt des Kulturlebens im Dienste des Tourismusmarketings öfter ohne Eintrittskarte vor der von Reiseveranstaltern komplett gemieteten Philharmonie stehen, wäre nur ein kleineres Problem. Das ist das Schöne an Unternehmensberatern: Sie denken die Dinge wenigstens konsequent und unsentimental zu Ende.

Aber auch ohne die Best Ager und Chinesen aus McKinseys »Berlin 2020«-Masterplänen ist das Ende des Booms noch lange nicht erreicht. 2011 zählte die Berliner Hotellerie 22 Millionen Übernachtungen, 2012 waren es schon 25 Millionen. Für 2020 rechnet die Branche mit 30 Millionen Übernachtungen. Bleibt es bei den derzeitigen Wachstumsraten, wäre »die magische 30-Millionen-Marke bereits im Jahr 2016 erreicht«, freut sich Visit Berlin. Kein Wunder, dass in Berlin dauernd neue Hotels gebaut werden. Allein in 2013 eröffnen 25 weitere Hotels und Hostels mit zusammen über 5500 Zimmern. In den vergangenen zwei Jahrzehnten hat sich die Berliner Bettenkapazität mehr als verdreifacht. Nach Berechnungen der Investitionsbank Berlin ist das Angebot zwischen 1992 und 2011 in jedem Monat im Schnitt um 340 zusätzliche Hotelbetten angewachsen. Die Unternehmensberatung Roland Berger hat ausgerechnet, dass das durchschnittliche Wachstum der Branche bei jährlich 7,3 Prozent liegt. Das sind unter allen Städte-Destinationen Europas die höchsten Wachstumsraten. Hinter London (46 Millionen Übernachtungen in 2011) und Paris (knapp 37 Millionen Übernachtungen in 2011) liegt Berlin in der europäischen Konkurrenz des Städtetourismus auf Platz drei – aber in Berlin steigen Übernachtungszahlen und Branchenumsatz, in London und Paris sinken sie. Rom, Madrid, Barcelona, Prag, Wien, München oder Dublin liegen abgeschlagen auf den hinteren Plätzen.

Visit Berlin:
Wir vermarkten eine
Stadt

»Jungs, hier kommt der Masterplan.«
Tocotronic

Burkhard Kieker ist der Mann, der Tag für Tag nichts anderes macht, als dafür zu sorgen, dass noch mehr Touristen nach Berlin kommen. Und dann noch mehr. Und dann noch mehr. Er macht das ziemlich erfolgreich. Seit 2009 ist Burkhard Kieker Geschäftsführer von Visit Berlin, der vom Land Berlin und der Tourismuswirtschaft getragenen Berlin Tourismus & Kongress GmbH, die Berlin weltweit als »Städtedestination« vermarktet.

Für Tourismushasser ist Kieker vermutlich so etwas wie der Fürst der Finsternis, der Darth Vader der »Touristification«, der ruchlose Herr der Touristenhölle. Aber in Wirklichkeit ist Kieker, ein früherer Journalist, kein Dunkelmann, sondern ein aufgeräumter, ausnehmend angenehmer und anregender

Gesprächspartner. Selbst mit Tourismushassern hat er kein Problem, solange sie zum touristisch interessanten Image Berlins passen: »Wir müssen authentisch und ein bisschen wild bleiben. Anti-Tourismusparolen an Berliner Wänden tragen zum rauen Charme der Stadt bei. Das macht die Stadt gerade interessant für Touristen.« Die Welt sortiert sich sehr übersichtlich, wenn man sie vor allem unter funktionalen Gesichtspunkten und in Marketingperspektiven betrachtet.

Es lohnt sich, Burkhard Kieker zuzuhören, wenn er erzählt, wie er und seine Leute das touristische Image Berlins polieren, während man sich still über den geschmacklosen Teppichboden in seiner Büroetage wundert: Grauer Grund, gemustert mit dem Brandenburger Tor. Einerseits: Die Verwaltungstristesse einer Berliner Behörde. Andererseits: Kieker, der wie ein Unternehmensberater Berlin als Marke definiert und im Marketingsprech seine Satzgirlanden aneinander reiht:

»Der Markenkern von Berlin ist interessanterweise Berlin. Das ist in einem chaotisch sich vorwärts wälzenden Prozess entstanden, ohne Markenberater oder zentrale politische Steuerung. Offensichtlich fasziniert das Ergebnis die Menschen weltweit. Das entwickelt sich von selber. Die Rahmenbedingungen waren offenbar nach der Wende so, dass sich Berlin als authentisches Gesamtkunstwerk ideal entwickeln konnte.«

Die Formel vom »authentischen Gesamtkunstwerk« mag er. Sie fällt im Lauf des Gesprächs noch öfter. Seine andere Lieblingsformel lautet: »Berlin ist die Hauptstadt der Coolness.« Ein Zitat wie ein Mantra, ein Werbeclaim, der sich beharrlich durch die Veröffentlichungen von Visit Berlin zieht. So richtig genießen kann man diese Leerformeln erst, wenn Kieker, ein mittelalter Mann im mitteledlen Business-Anzug und mit leichtem Übergewicht in seinem Büro mit dem grauen Berlin-Behörden-Teppichboden, sich die PR-Phrase genussvoll auf der Zunge zergehen lässt: »Die Hauptstadt der Coolness«.

Je länger man Kieker zuhört, desto deutlicher hat man das Gefühl, dass Berlin nur scheinbar und eher nebenbei eine Stadt ist, in der Menschen leben, arbeiten, lernen, heiraten, Kinder großziehen, alt werden. In Wirklichkeit ist Berlin vielleicht ein schillerndes Produkt, ein bestens zu vermarktendes Label, ein »authentisches Gesamtkunstwerk« eben.

Wie lebt es sich in einem Gesamtkunstwerk? Gibt es Bewohner, die das ihre zur Attraktivität des Gesamtkunstwerks beitragen? Lässt sich das aus Sicht des Tourismusmarketings optimieren? Was ist mit Berlinern, die den Glanz der Coolness eher stören? Wie lässt sich die »Destination« vor uncoolen Anwohnern schützen? Und was bedeutet es, dass Kiekers Marktforscher herausgefunden haben, dass der Restaurantbesuch (93 Prozent) und »Flanieren, Bummeln« (81 Prozent) die Lieblingsbeschäftigungen der Berlin-Besucher sind? Wird für ihren touristischen Blick die Stadt zum Zoo, dessen bunte Einwohnerschaft sich beim Stadtspaziergang besichtigen lässt? Irgendwie logisch, dass in einem Vist-Berlin-Promo-Clip von 2009 als »Sehenswürdigkeiten« nicht nur die üblichen Bauwerke von Siegessäule bis Synagoge und East Side Gallery abgefilmt werden, sondern auch die Currywurst (»Sight 4.336«), der vergammelte Rastafari-Hänger von nebenan (»Sight 4.338«) oder spielende Kinder in einem tristen Hinterhof (»Sight 4.335«) als tourismusaffine Sehenswürdigkeiten herhalten dürfen: Berliner als Deko-Element der Destination, am besten »typical Berlin«, also, in Kiekers Worten »authentisch und ein bisschen wild«.

Je länger Kieker von Berlin schwärmt, desto irrealer wirkt die Stadt. »Weshalb kommen Leute nach Berlin?«, fragt Marktbeobachter Kieker. »Unsere Marktforschung sagt, die meisten wollen sich durch die Stadt treiben lassen. Sie wollen zusehen, was um sie herum passiert und Leute beobachten. Sie wollen am Berliner Leben teilhaben. Weshalb werden denn in Berlin alle möglichen Produkte und neue Konzepte für Systemgastromomie, Geschäfte oder Serviceangebote getestet, bis hin zu Musikstücken, die in Berliner Clubs getestet werden? Weil das Publikum nirgends so authentisch und gnadenlos ist. Das ist die moderne Funktion einer Hauptstadt: Ein großes Testgebiet für alles mögliche, von Lebensentwürfen bis zur Gastronomie. Berlin hat ein Lebensgefühl entwickelt, das die kreative Klasse anzieht.

Berlin ist die beste Bestätigung für Richard Floridas Thesen von der Bedeutung der Creativ Class für die Entwicklung einer Metropole.

Die Stadt als Open-Air-Zoo und als Produkt-Testgebiet – auch eine Möglichkeit Coolness zu definieren. Dass die ominöse Creativ Class Berlins zu einem erheblichen Teil aus Subventionskünstlern oder aus verkrachten Existenzen besteht, dass nicht allzu viele der zahlreichen Start-Ups wirklich Geld verdienen, dass die berühmten Berliner Lebensstile im Zweifel etwas prekärer als in wirtschaftlich gesünderen Regionen sind und dass auch hier der Hype den Hype nährt, was nicht unbedingt mit Substanz zu tun hat, passt nicht ganz in Kiekers Rede von der Kreativ-Metropole.

Fragt man Burkhard Kieker, welches Bild der Stadt er zu Tourismusmarketingzwecken gerne pflegt, kommt er schnell in Fahrt:»Das Bild, das wir kommunizieren, ist: Berlin ist immer sehr weit vorne mit allem. Hier werden Trends gemacht. Hier entstehen Moden und Ideen, Lebensstile und Lebensentwürfe.« Spätestens bei diesem Satz dürften Schwaben und Bayern, die mit ihren Steuern via Länderfinanzausgleich das Berliner Gammel-Leben querfinanzieren, mitleidig lächeln. Was ein Berufs-Berliner wie Kieker für einen »Trend« hält, wirkt woanders leicht wie eine schrullige Aufgeblasenheit.»Sehr weit vorne« ist Berlin vor allem bei der hohen Arbeitslosigkeit, der hohen öffentlichen Verschuldung, der Deindustrialisierung und in der Selbstüberschätzung des Kreativ-Boheis.

Kieker schwärmt weiter, als ginge es darum, möglichst viele Promo-Textbausteine pro Satz unterzubringen:»Berlin ist eine Mischung aus Adrenalin und Chill-Out. Berlin hat etwas, das viele suchen: Den Kick und die Entspannung. Berlin hat 400 Galerien, die Clubszene, drei Opernhäuser. Sie können sich kulturell aufladen und danach in eine Beach-Bar gehen und am Ufer der Spree chillen. Viele meiner Kollegen in Städten wie

Singapur oder Dubai müssen sich ständig die Inhalte, die Contents ausdenken und mit millionenschweren Investitionen herbeiführen – und hinterher wirkt es immer noch künstlich. Wir haben den Riesenvorteil, dass wir wunderbar aus all den Dingen wählen können, die aus diesem brodelnden Kulturkessel Berlin hervorkommen.«

Adrenalin und Chill-Out. Aufladen. Brodelnder Kulturkessel. Beach-Bar. Kick und Entspannung. Was Kieker beschreibt, ist keine halbwegs funktionierende Stadt, sondern eine ungesunde Droge. Oder ein urbanes Disneyland. Und genau so wird die Stadt von den Touristen ja auch genutzt.

Was für Einwohner Lebensqualität bedeutet, ist für Kieker ein Verkaufsargument: »Berlin hat einen entspannten Lebensstil entwickelt. Berlin ist die Hauptstadt der Toleranz, der Talente. Die Mieten sind immer noch moderat, der ökonomische Druck ist noch nicht so groß wie in anderen Städten«, referiert er. »Berlin ist jetzt dabei, in den Normalzustand einer Weltstadt zurück zu schwingen, mit den entsprechenden Dynamiken und dem Knirschen und Krachen, die damit verbunden sind. Die Gentrifizierungsprozesse sind solche Begleitgeräusche, die meines Erachtens noch über Jahrzehnte anhalten werden. Es gibt so viele noch nicht gentrifizierte Viertel. Es gibt noch genug Spreegrundstücke und Fabriketagen, die man für Kulturevents benutzen kann. In der Kreuzberger Wrangelstraße finden Sie vor lauter Hipster-Cafes keine Türken mehr. Neukölln ist der nächste Prenzlauer Berg, mit einer wunderbaren Altbausubstanz. Dass Neukölln als Problem-Viertel bundesweit durch die Medien ging, ist für diesen Prozess nicht hinderlich, im Gegenteil. Wer aus der westdeutschen Provinz nach Berlin kommt, findet Neukölln grade interessant, der will nicht ins bürgerliche Steglitz. Berlin ist den normalen kapitalistischen Verwertungsmechanismen unterworfen. Wir werden uns diesen nicht ewig entziehen können. Man kann aber versuchen, im Sinne von Stadtentwicklung, auch von kultureller Nutzung, günstige Rahmenbedingungen zu schaffen.«

Wobei sich die Frage stellt, wie sich diese günstigen Rahmenbedingungen definieren: Günstig für die Anwohner, die keine überteuerten Mieten zahlen wollen. Oder günstig für Milieus und Geschäftsmodelle, die zur touristischen Attraktivität der Destination beitragen. Beide Ziele sind nicht identisch. Was aus touristischer Sicht erfreulich sein mag, etwa dass man in Teilen von Kreuzberg »vor lauter Hipster-Cafes keine Türken mehr« sieht, kann für Anwohner, zum Beispiel für Kreuzberger Türken, zur Zumutung werden. Aber solange es genug Orte »für Kulturevents« gibt, sind diese Transformationsprozesse zumindest aus Sicht des Tourismusmarketings kein Problem.

Wenn es darum geht, Berlin als Erlebnispark zu vermarkten, wird der Hinweis auf das Kultur- und Nachtleben zum Verkaufsargument. Wenn es sein muss, hat Kieker kein Problem, dafür auch mal einen Weltstar einzuspannen: »Wir hatten identifiziert, dass der weltweit für Produktschulungen zuständige Mann eines großen US-Software-Konzerns ein großer Klassik-Fan ist«, erzählt er von einem gelungenen PR-Coup. »Wir haben ihn zu einem Barenboim-Konzert in der Carnegie-Hall eingeladen. Anschließend haben Herr Barenboim, der Software-Manager und ich hinter der Bühne zusammen ein Glas Champagner getrunken. Im nächsten Jahr hat dieser Konzern in Berlin auf dem Messegelände eine Schulung mit 30.000 Mann gemacht. Die Stadt muss lernen, mit ihren Stärken zu spielen.«

So unkompliziert und entspannt stellt sich die edle Hochkultur in den Dienst des Standortmarketings. Nichts daran ist verwerflich. Es zeigt nur im Detail, wie es funktioniert, wenn sich eine Stadt in der internationalen Konkurrenz der Destinationen vermarktet.

Im Zweifel ist jeder ein Dienstleister im Auftrag des Standortmarketings – von Barenboim bis zum letzten verstrahlten Raver.

Was dem Klassik-Fan im gehobenen Management das Barenboim-Konzert, ist der Party-Crowd der gepflegte Club-Absturz. »Sicher strahlen Clubs wie das Berghain, früher die Bar 25, heute das Kater Holzig, ab auf das Image der Stadt. Das macht die Stadt aufregend«, freut sich Kieker. Er hat einiges dafür getan, dass sich der Ruhm der Berliner Nächte weltweit in den Zielgruppen herumspricht: »Wir haben jahrelang tausende von internationalen Journalisten nach Berlin eingeladen und ihnen die Stadt gezeigt. Die Spannweite geht von einem Mittagessen bei Käfers im Reichstag bis zu einer Führung durchs jüdische Scheunenviertel bis zur Weserstraße in Neukölln bis zum Berghain oder Ritter Butzke. Natürlich zeigen wir dem Feuilletonjournalisten etwas anderes als dem Reisejournalisten eines Lifestyle-Magazins.«

Angeblich pflegt Visit Berlin auch zur Großraum-Diskothek Berghain beste Kontakte. Interessiert sich ein Journalist aus New York oder Madrid dafür, wie es in den Berghain-Darkrooms zugeht, dürfte ihn sein Visit-Berlin-Betreuer im Zweifel problemlos an den Berghain-Türstehern vorbeilotsen, auf dass er zum höheren Ruhm der »Hauptstadt der

Coolness« seiner Leserschaft von den Berliner Exzessfreuden berichten möge.

Der Musikjournalist Tobias Rapp hat in seiner lesenswerten Nachtleben-Reportage »Lost and Sound« sehr schön beschrieben, wie die weltweite Rede von den Berghain-Nächten sich von Kontinent zu Kontinent fortsetzt, ein Eigenleben entwickelt und fleißig die Arbeit am Mythos verrichtet.

»Das Besondere an den Geschichten ist, dass sie kontinuierlich in das große Berghain-Gespräch verwoben werden«, schreibt Rapp. »Wie die von dem Mann, der seinen Partner auf der Tanzfläche des Berghains fistete und ein Zentimetermaß auf den Unterarm tätowiert hatte. Oder die von dem Mann, der auf dem Klo war, um zu pinkeln, als sich ein anderer neben ihn stellte, ihm kurz und überraschend seine Hand in den Strahl hielt, die Pisse austrank und wieder verschwand. So entsteht der Mythos und er setzt sich endlos fort. Das große Gespräch findet längst nicht mehr nur an Berliner Telefonen statt. Auch in Newsgroups werden Nächte diskutiert, in Stockholm oder Mailand gehen die Geschichten mit der stillen Post herum. In Melbourne wissen ein paar Leute Bescheid. Und irgendwann steht dann im ›New Zealand Herald‹, dass es in Berlin Technoclubs gibt, wo Sex auf der Tanzfläche die normalste Sache der Welt ist. Woraufhin wieder ein paar Neuseeländer ihre Berlin-Flüge buchen.«

Burkhard Kieker geht nicht so freudig ins Detail wie Tobias Rapp, aber seine Techno-Touristen-Analyse kommt zum gleichen Ergebnis: »Inzwischen kommen nicht mehr nur die Pioneers nach Berlin, jetzt kommen die Follower. Die von den Pioneers in der Heimat verbreiteten Berlin-Erzählungen wirken jetzt.«

In der ersten Welle, als Visit Berlin internationalen Journalisten noch die Reize der Stadt bei Tag und bei Nacht in individuellen Führungen nahe bringen musste, ging es unter anderem darum, diese Erzählung vom wilden Nachtleben medial in Gang zu bringen. Und wenn die von Visit Berlin eingeladenen Journalisten freudvolle Szenen wie die von Rapp beschriebenen im Berghain und anderorts erleben durften, hat unschuldiger Sex auf der Tanzfläche plötzlich die gleiche Funktion wie eine von Barenboim meisterlich dirigierte Beethoven-Symphonie: Standort-Marketing, eine kulturelle oder subkulturelle Attraktion, die die Destination schmückt, Fisten für das stete Wachstum der Tourismuswirtschaft.

Dass Visit Berlin besonderen Gästen einen besonderen Service bietet, versteht sich von selbst. »Wir haben mehr 5-Sterne-Hotels als New York. Die mussten lange kämpfen, teils mit unglaublich günstigen Preisen«, berichtet Kieker. »In den letzten beiden Jahren ist der Luxustourismus massiv gewachsen. Wir kümmern uns auch um dieses Segment. George Lucas zum Beispiel war 2011 mit seiner ganzen Familie hier. So etwas steht nicht in der Zeitung. Solche Leute werden dann persönlich nach ihren Wünschen betreut und bekommen eine exklusive Führung, wie sie so nicht im Reiseführer steht. Dabei unterstützen wir die Hotels. Wenn eine Persönlichkeit, zum Beispiel ein Unternehmensverantwortlicher, jemand, der für diese Stadt und ihre Entwicklung wichtig ist, besondere Wünsche hat, helfen wir gerne. Wenn zum Beispiel jemand an einem Montag ein Museum besuchen will, das an diesem Tag geschlossen ist, reden wir unter Umständen auch mit dem Museumsdirektor.« Dass Dienstleistung von Dienen kommt und dass Service bedeutet, der umworbenen »Persönlichkeit« die Stadt zu Füßen zu legen, muss Kieker und seine Leute niemandem erklären.

Es ist eine hübsche Pointe, dass gelegentlich ein Kulturangebot, das zur touristischen Attraktivität der Stadt beigetragen hat, von den Folgen dieser touristischen Attraktivität, von Tourismus-Business, steigenden Mieten und entschlossenen Investoren beiseite gefegt wird. Zum Beispiel das Fotokunstzentrum C/O Berlin. Eine Investorengruppe namens Elad hat das Gebäude in Berlin-Mitte gekauft und will dort ein Fünf-Sterne-Hotel bauen, bis zu 14 Stockwerke samt einem edlen Shopping-Center. C/O Berlin musste umziehen. Wenn man so will: Eine indirekte Folge von Kiekers erfolgreicher Arbeit. Aber weil Kieker weiß, wie wichtig Kultur für das Tourismusmarketing ist, war er dabei, als die C/O Berlin-Betreiber und Kulturstaatsekretär Schmitz den neuen Ort des Fotokunstzentrums im alten Berliner Westen bekannt gaben.

Kieker weiß natürlich, dass allem Trendgerede zum Trotz die Geschichte der Stadt, ihre etwas kaputte Patina, zum Kern der touristischen Markenidentität Berlins zählt: »Berlin ist wie Atlantis. Eine Stadt, die eigentlich untergegangen ist, die nach dem Zweiten Weltkrieg von der Landkarte der Geschichte verschwunden war und nur künstlich am Leben erhalten wurde, ist wieder aufgetaucht. Darauf sind die Leute unheimlich neugierig.«

Die bekanntlich nicht nur heitere deutsche Geschichte wird in dieser Perspektive zu einer Art Berlin-Geschmacksverstärker, der die Aufgabe hat, den zahlenden Gästen einen gewissen Thrill zu bescheren. Kieker hat dafür in aller Marketing-Unschuld einen schönen Claim parat: »Unser Spruch ist: You saw it in Hollywood, but it happened here.« Wenn das kein Alleinstellungsmerkmal ist.

Weil auch Alleinstellungsmerkmale sorgsam gepflegt und kommuniziert werden müssen, hat in einem Promo-Film von Visit Berlin neben vielen anderen Sehenswürdigkeiten des bunten Berlins natürlich auch das Mahnmal für die ermordeten Juden seinen werbeträchtigen Auftritt, ebenso wie historisches Filmmaterial von Nazi-Aufmärschen.

Wie sagt Kieker doch so treffend: »You saw it in Hollywood, but it happened here.« Das kann nicht jedes authentische Gesamtkunstwerk bieten. Irgendwie schade unter Tourismusmarketing-Gesichtspunkten, dass der Führerbunker nicht mehr steht.

Kieker ist kein Zyniker. Er lässt im Gespräch keinen Zweifel daran, dass für ihn der Nationalsozialismus natürlich keine Touristenattraktion ist, sondern ein grauenvolles Menschheitsverbrechen. Aber Marketing gehorcht einer eigenen Logik. Und in dieser Logik denkt Kieker das touristische Potenzial Berlins einfach konsequent zu Ende: »Berlin ist ein hoch kondensierter Ort der Weltgeschichte, wo das Gute und das Böse ganz nah beieinander liegen. Das baut einen enormen

Spannungsbogen auf. Hier war das Zentrum des Bösen, hier waren aber auch die Leute, die den Kalten Krieg beendet und die Mauer gestürmt haben. Berlin ist ein Ort der intensiven Auseinandersetzung mit der schwierigen deutschen Geschichte. Das kommunizieren wir natürlich. Orte wie die Topografie des Terrors faszinieren die Leute. Was wirklich bedauerlich ist, ist wie viel von der Mauer abgebaut wurde. Ich finde sehr angemessen, wie in der Normannenstraße und in Höhenschönhausen an DDR-Geschichte erinnert wird. Meine Parole ist: Berlin, zeige deine Wunden. Diese Stadt wurde durch den Fleischwolf der Geschichte gedreht. Das sollten wir, auch in der Außendarstellung, nicht kaschieren, sondern zeigen.« Der Marketing-Profi muss verkaufen, was gut verkäuflich ist, und Hitler sells.

Schön, dass sich die sorgfältige Aufbereitung dieses »Fleischwolfs der Geschichte« im robusten Wachstum der Tourismuswirtschaft bezahlt macht. Zur unvermeidlichen Marketinglogik gehört, wie Kieker den Besuch der Erinnerungsstätten im Vokabular der Erlebnisgesellschaft beschreibt. Die enormen »Spannungsbögen« sorgen für »Faszination«. Sie liefern also genau das, was man von einem touristischen Erlebnisangebot erwartet.

Ballermann Berlin

»Manchmal in einem Anfall heilloser Me-
lancholie trete ich in eines der üblichen Berliner Nachtlokale, nicht etwa, um mich zu
erheitern, sondern um die Schadenfreude zu
genießen, die mir der Anblick des indus-
trialisierten Frohsinns bereitet.«

Joseph Roth, 1930

Sich mehr oder weniger gepflegt die Kante zu
geben, zählt nicht erst seit Erfindung des
Ballermanns oder Eröffnung des Berghain
zur Lieblingsbeschäftigung unzähliger Touristen. »Warum muss ich Betrunkene, die am
Strand herumirren, und Leute mit lautem
Gesang auf dem See herumfahren sehen«,
stöhnte der römische Philosoph Seneca vor
rund 2000 Jahren. Offenbar hatten amüsier-
willige Reisende schon damals eigenwillige
Manieren.

»Alte Männer benehmen sich wie Jungen;
viele Jungen wie Mädchen«, wunderte sich

ebenfalls schon in der römischen Antike ein gewisser Varro. In Queer- wie in Absturzgepflogenheiten setzt der Berliner Club-Party-Easyjet-Tourist lediglich alte Sitten und Gebräuche fort. Auch die jungen Upper-Class-Schnösel-Reisenden, die im 18. Jahrhundert auf ihrer »Grand Tour« Europa und seine Kaschemmen aufsuchten, benahmen sich nicht anders. »Die englischen Touristen in Paris trinken bis um zwei oder drei Uhr morgens, dann gehen sie nach Hause, es sei denn sie enden in irgendeinem Bordell, über das sie unterwegs gestolpert sind«, spottete 1725 eine Zeitung.

Bildungsreise? Von wegen: »Die Bilanz ihrer Reise beschränkt sich auf eine Aufzählung der leer getrunkenen Flaschen und der käuflichen Liebeleien.« Nichts könnte vorbildlicher der Traditionspflege alter (oder, wie Niklas Luhmann sagen würde: alteuropäischer) Reisesitten dienen, als die Partyfreuden des bedröhnten Exzess-Touristen, der sich im Darkroom verlaufen hat. Nichts Neues unter der Party-Sonne, nur die Drogenauswahl und der Musikstil variieren zwischen Senecas Rom, dem Paris oder Rom der Grand Tour, dem Ballermann und den Berliner Clubs.

Man muss kein römischer Philosoph sein, um sich von Party-Touristen belästigt zu fühlen. Es genügt völlig, in einem Ausgehbezirk wie Friedrichshain oder in der Nähe des Schlesischen Tors zu leben. »Wir leben seit elf Jahren in Friedrichshain. Die Gegend hat sich in den letzten fünf, sechs Jahren extrem verändert. Inzwischen überlegen wir ernsthaft wegzuziehen«, sagt Wolfgang S.. Er hat eigentlich nichts gegen Touristen und gegen das Berliner Nachtleben erst recht nicht. Dass er vom Party-Tourismus bedient ist, liegt daran, dass sich ganze Straßenzüge in seiner Umgebung in Absturz-Areale verwandelt haben, in denen die Wohnbevölkerung bestenfalls geduldet wird.

»Die Simon-Dach-Straße war schon immer ein Ausgehzentrum. Da feierten nicht nur viele Touristen, sondern Berliner aus den Randbezirken, aus Lichtenberg und Marzahn, denen es zu weit nach Mitte ist«, erzählt Wolfgang S.

»Durch die vielen Billig-Hostels hat man von März bis Oktober das Gefühl, dass die Billig-Touristen die Gegend komplett übernommen haben. Du fühlst dich als jemand, der da wohnt, wie auf der falschen Party. Die kommen nicht nach Berlin, weil sie an der Stadt interessiert sind. Das ist hier einfach eine Event-Location, in der man billig saufen kann. So behandeln sie die Stadt, völlig respektlos. Gröhlende Männergruppen aus

Schweden oder Spanien, betrunkene Engländer, die die ganze Nacht unterwegs sind, zerbrochene Bierflaschen überall, als wäre die Straße eine einzige große Absturzkneipe. Ich kann ja verstehen, wenn sich Touristen nicht zurechtfinden und nach dem Weg fragen. Aber wenn Du permanent an jeder Straßenecke gefragt wirst, ›Wo ist der Boxhagener Platz, Show me the way to Simon-Dach-Straße‹, fängt es an, zu nerven. Ich bin kein Touristen-Auskunftbüro. Früher konnte man in die kleinen Kneipen am Boxhagener Platz gehen. Die sind heute komplett von Touristen okkupiert, Horden von besoffenen Norwegern mit dem entsprechenden Revierverhalten. An den Wochenenden im Sommer geht an der Warschauer Brücke die Post ab. Wenn man vorbeikommt, sieht man öfter mal einen Krankenwagen, weil jemand im Suff oder unter Drogen kollabiert ist oder weil jemand bei einer Schlägerei verletzt wurde, unschöne Szenen. Offenbar hat Berlin im Ausland diesen Ruf: Es ist okay, auf der Straße die Bierflasche auszutrinken und sie auf den Gehweg zu knallen. Das musst du machen, wenn du in Berlin cool sein willst. Wenn ich mir die Typen anschaue, die hier nachts um drei rumlaufen, die sehen eigentlich brav aus, angepasst. Aber in Berlin benehmen sie sich, wie sie sich zu Hause nie aufführen würden.

Es gibt sicher auch andere Touristen, die in Berlin nicht nur die Feierhölle sehen, sondern an der Stadt interessiert sind und etwas mehr Weitblick und höflichere Umgangsformen haben. Die finde ich eher sympathisch. Aber in Friedrichshain laufen nur die Vollgeknallten rum und pinkeln in die Hauseingänge.«

Nicht nur den Pinkel-Touristen, auch den Wirten, in deren gesichtslosen Ballermann-Kneipen sie sich abfüllen, ist Respekt vor der städtischen Umgebung eher fremd. Ihr Verhältnis zur Nachbarschaft: Gleichgültigkeit.

Als vor einigen Jahren die Konflikte zwischen Anwohnern und Erlebnisgastronomie in Friedrichshain an Schärfe zunahmen, hat der damalige Baustadtrat und heutige Bezirksbürgermeister Franz Schulz zum Zweck der Deeskalation zu Clearing-Gesprächen zwischen Gastronomen und Anwohnern eingeladen. Er wollte nicht gleich mit der juristischen Keule und dem Ordnungsamt zuschlagen.

Er hoffte auf so etwas wie Selbstregulierung, Interessensausgleich, gute Nachbarschaft. Angesichts der Umsätze in der Ballermann-Friedrichshain-Gastronomie war das etwas naiv.

»Ein Teil der Gastronomen, vor allem in der Simon-Dach-Straße, war gar nicht an einer

Klärung interessiert. Die ignorierten die Einladung zu einem Clearing-Gespräch. Denen war der Kiez eigentlich egal«, berichtet Schulz.

Das beschreibt das Verhältnis zwischen Erlebnisgastronomie und Stadtgesellschaft präzise. Die Partyzone kolonialisiert die Wohnumgebung. Die Stadt ist aus Sicht der Erlebnisgastronomie weniger eine Stadt, in der Menschen leben, als eine Tourismus-Destination und Feiermeile. Die Anwohner sind in dieser Perspektive höchstens ein lästiger Störfaktor.

Die Abhängigkeit zwischen Absturzgastronomie und Tourismuswirtschaft ist gegenseitig. Die Tourismus-Destination spült den Clubs die Kunden auf die Barhocker und Tanzflächen.

Ohne Partyvolk aus aller Welt würde die Berliner Nachtlebenökonomie kollabieren. Laut einer Studie der Senatsverwaltung für Wirtschaft aus dem Jahr 2008 sorgen Touristen für etwa 20 Prozent der Clubumsätze. Das dürfte eine sehr konservative Schätzung sein.

»Man kann sich mit jedem Berliner Clubmacher unterhalten – mehr oder weniger offen geben alle zu, dass ohne die Easyraver jeder dritte Laden schließen müsste«, berichtet Tobias Rapp in seinem gut recherchierten Buch »Lost and Sound«.

Im Gegenzug hübschen die Clubs die Destination mit Exzessversprechen und Verruchtheitsappeal auf. Etwa jeder dritte Berlin-Tourist stürzt sich nach einer Erhebung von Visit Berlin ins Nachtleben.

Nach Schätzungen des Berliner Senats setzen die rund 250 Clubs und die Musikbranche der Stadt etwa eine Milliarde Euro im Jahr um. Einen erheblichen Teil davon geben feierfreudige Touristen aus. Nur logisch, dass das Land Berlin, arm, aber sexy (die Formel klingt in Tourismuszusammenhängen ein wenig nach Armutsprostitution) auf seiner Internetseite www.Berlin.de (»Das offizielle Hauptstadt-Portal«) gerne für den beliebtesten Techno-Swinger-Club der Stadt Werbung macht.

»Dresscode: Fetischklamotte. Die Atmosphäre im ehemaligen Sage-Club ist freundlich bis familiär – so, wie sie es unter lederbestrumpften oder cockberingten Halbnackten sein kann. Kritiker behaupten, das Kitkat wäre der unsexieste Ort überhaupt, der Unterhaltungswert der hauseigenen Freakshow ist unbestreitbar. Bester Tag: Samstags ›Carneball Bizarre‹. Alleinstellungsmerkmal: Der beste Club, um den Besuch aus Westdeutschland zu erschrecken«, empfiehlt das

»offizielle Hauptstadt-Portal« den KitKat-Club, in dem ein Gynäkologenstuhl für Atmosphäre sorgt. Wenn schon Erlebnisgastronomie, dann richtig.

Dass die Clubs von Touristen leben, heißt nicht zwangsläufig, dass die Touristen die Clubs angenehmer machen.

»Der Club, in dem ich Nightmanager war, hat ein internationales Publikum und den Ruf, dass da wild gefeiert wird. Früher, als der Laden noch nicht so bekannt war, war es eigentlich cool, dass das Publikum international war, einfach, weil es coole Leute waren. Irgendwann ist das gekippt. Mit den Hostels kam das Feierjungvolk«, erzählt ein Nachtleben-Profi, der lieber anonym bleiben möchte.

»Der Laden ist in Reiseführern und stand auch mal im Easyjet-Magazin. Ein Engländer hat mir vorgerechnet, dass es für ihn billiger ist, mit Easyjet nach Berlin zu fliegen, im Hostel zu übernachten und zwei Nächte heftig auszugehen, als sich in London ins Taxi zu setzen, gut essen zu gehen und anschließend zu feiern. Viele Club-Touristen denken offenbar, wenn ich mich im Berliner Nachtleben normal benehme, passe ich nicht rein, ich muss mich möglichst krass und extravagant gebärden. Das ist, na ja, etwas anstrengend. Inzwischen lassen die Türsteher der besseren

Clubs angetrunkene Männerhorden nicht mehr rein. Wir dachten in unserem Laden früher, indem wir arrogant sind, stutzen wir so ein breitbeiniges, großkotziges Feierpublikum, das keinen Respekt hat, etwas zurecht. Wir sind keine devoten Dienstleister. Einmal hat sich zum Beispiel ein Gast wahnsinnig aufgeregt, weil ein toter Fisch im Aquarium schwamm. Ich habe den Fisch dann aus dem Aquarium rausgeholt, in der Küche frittieren lassen und dem Gast serviert. Das war meine Antwort. Dann hatten sie hinterher was zu erzählen in Bielefeld oder Stuttgart. Irgendwann hatte ich keine Lust mehr, sonntagmorgens um sieben betrunkenen Jungmännern aus Schwaben oder England zu erklären, dass jetzt Feierabend ist. Das Publikum, das man am Wochenende am Ende der Nacht hat, ist oft das Gegenteil von cool. Ich kenne einen Clubbetreiber, der gut laufende Partyreihen eingestellt hat, weil er dieses Touristenpublikum am Wochenende nicht mehr wollte, obwohl er an denen super verdient hat. Wenn du deinen Club magst und auch selbst Spaß haben willst, hast du auf solche Gäste jedes Wochenende einfach irgendwann keinen Bock mehr.«

Der langjährige Nachtleben-Profi hat seine Konsequenzen aus den Zumutungen des Absturz-Tourismus gezogen. Heute leitet er ein gutbürgerliches, angenehm unaufgeregtes Restaurant in Charlottenburg.

Das Nachtleben hat seine eigenen Antworten darauf, dass es zur Erlebniskonsumhölle und rentablen Touristenattraktion geworden ist. Selbstverständlich werden diese Antworten, sind sie nur schrill genug, ihrerseits wieder eingespeist in die globale Rede von der wilden Party-Destination. »The name for the club night at the Moon Chiller Lounge on Berlin's Karl-Marx-Allee was not the catchiest. But it got the message across: ›Fuck The Tourist Commerce – We Are Not A Tourist Attraction‹«, berichtete die Reporterin Helen Pidd im Mai 2011 den vermutlich verblüfften Lesern des Londoner *Guardian*. »Berliners have a new enemy: You. The organisers of the Moon Chiller Lounge event were particularly cross with what you have done to the nightlife. Taking pictures of each other with your iPhones instead of nodding moodily to the techno, not balking at paying € 3 for a bottle of Beck's, airily handing over € 10 to get into a club on a week night – because it's still cheaper than London nightclub Fabric«, schreibt Helen Pidd mit schönem britischen Sarkasmus.

Schon ihre Überschrift ist großartig kühl, mitleidlos und spöttisch: »Without tourists, Berlin is stuffed. But try telling that to the angry natives.« Aber auch das ist unterm Strich des Destinationsmarketings natürlich Arbeit am Berlin-Mythos. Ob sich Burkhard Kieker bei der *Guardian*-Reporterin bedankt hat, entzieht sich unserer Kenntnis. Allen Grund dazu hätte er gehabt.

Rent a Hippie:
Subkultur als weicher
Standortfaktor

»Der Protest (...) attestierte der Kultur des
Marktes ein weiteres, ein zehntausendstes
Mal innovative Brillanz und die Fähigkeit,
sich selbst zu ihren eigenen flexiblen Zwe-
cken umzugestalten und dabei alles rings-
um in sich aufzunehmen.«

Don DeLillo, »Cosmopolis«

Bevor das Tacheles, die Ruine eines nach
dem Mauerfall von Künstlern und Szenevolk
besetzten Gründerzeitprachtbaus in der Nähe des Bahnhofs Friedrichstraße, 2012 poli-
zeilich geräumt wurde, war es über zwei
Jahrzehnte eine gerne fotografierte Touristenattraktion. Bilder der heruntergekomme-
nen, grell bemalten Fassade und der von den
benachbarten Müllbergen kaum zu unter-
scheidenden Schrottskulpturen sorgten in
jedem besseren Reiseführer für Atmosphäre
und die Illusion, dass in Berlin so ziemlich
alles möglich sei.

Die Künstler, die im Tacheles ihre Ateliers hatten, zogen irgendwann die nahe liegende Konsequenz daraus, dass Touristenströme auf der Suche nach der wilden Boheme durch ihre Räume marschierten: Die Tacheles-Bewohner verlangten wie im Zoo oder im Wachsfigurenkabinett Eintritt von den Besuchern. Dass sie sich selbst so zu einer Art lebender Wachsfiguren machten, störte sie nicht weiter. Auch eine Berliner Karriere: Vom verkrachten Künstler zum Subkulturdarsteller, der davon lebt, sich bestaunen zu lassen.

Das Interesse an der Tacheles-Müll-Kunst hielt sich verständlicherweise in engen Grenzen. Sie war höchstens Beiwerk zum modrigen Reiz der Tacheles-Ruine mit ihren sanitären Bedingungen wie nach Kriegsende und ihren ebenso dekorativ vermoderten Bewohnern. Vom Aufbruchsgefühl der ersten Jahre war nur noch ein eher trostloser Rest übrig geblieben. Der Anblick legte für den interessierten Besucher die Vermutung nahe, dass das Leben im Tacheles-Müll vielleicht eher trist als aufregend sein könnte. Nach einem Tacheles-Besuch fühlte sich die eigene Angestelltenexistenz der Touristen gleich wesentlich besser an. Dafür zahlt man natürlich gerne Eintritt.

Wer weiß, vielleicht werden die Immobilien-

Investoren, die das Tacheles-Gebäude abrei-
ßen lassen, um auf dem Filetgrundstück ren-
tablere Objekte zu errichten, in ein paar Jahren einige billige Subkulturkleindarsteller
engagieren. Sie könnten zur Aufwertung der
Büro- und Wohnsilos wieder Schrottskulpturen und gerne auch sich selbst ausstellen,
damit die Mieter und Touristen etwas zu
staunen haben. Willige Künstler zu finden,
dürfte kein Problem sein. Schließlich bitten
Berliner Off-Bühnen schon heute mit dem
Argument, die »Freie Szene« jenseits der bil-
dungsbürgerlichen Hochkultur der Staats-
theater sei ein Touristenmagnet, um höhere
Subventionen.

Was einmal Gegenkultur hieß, sieht sich im
touristischen Berlin als weicher Standortfak-
tor und williger Dienstleister, dessen vor-
nehmste Aufgabe in der Imagepflege des
Wirtschaftsstandorts besteht. »Es ist die gesamte Atmosphäre, die Berlin für Touristen
attraktiv macht und von andern Städten un-
terscheidet. Dieser künstlerisch-subkulturel-
le Flair Berlins, die Kunst, die Clubs – das ist
es, was die freie Szene ausmacht«, glaubt der
Künstler Christophe Knoch, einer der Spre-
cher der »Koalition der Freien Szene«.

Weil die Off-Künstler sich selbst für eine
Touristenattraktion halten, fordert diese
»Koalition der Freien Szene« ihren Anteil aus

den Einnahmen aus der CityTax, einer kommunalen Sondersteuer auf Hotel-Übernachtungen, die Berlin 2013 einführen will. Fürs erste wären sie mit 20 Millionen Euro jährlich als Gegenleistung dafür zufrieden, die Stadt für Kulturtouristen interessant zu machen. Die Berliner Industrie- und Handelskammer hat bereits ihre Sympathie signalisiert und die ökonomische Bedeutung der Alternativkultur für die Tourismusdestination unterstrichen. Endlich haben dank des Tourismusbooms die eher esoterischen Abteilungen des Kulturbetriebs ihre einst so schmerzhaft vermisste gesellschaftliche Funktion gefunden: Was könnte schöner sein, als mit Tanzperformances, politischem Dokumentartheater, Nachwuchslyrikern und Zwölftonmusik eine hohe Auslastung der Hotels, Flughäfen und Restaurants zu sichern.

Ein Hauch von Gegenkultur zählt traditionell zu den Attraktionen der Tourismusdestination Berlin. Schon in den achtziger Jahren boten findige Reiseveranstalter Stadtrundfahrten durch Kreuzberg an, auf dass staunende Reisegruppen aus Westdeutschland vom sicheren Bus aus das Treiben der Hausbesetzer und Punks bewundern konnten. Kein Wunder, dass Burkhard Kieker, der Geschäftsführer der Berliner Tourismusmarketingagentur Visit Berlin, nicht nur die alternative Kulturszene, sondern auch politische Protestkultur durchaus zu schätzen weiß. Selbstverständlich auch, wenn diese sich explizit gegen Touristen richtet.

»Nehmen Sie diese ›Berlin doesn't love you‹-Kampagne: Das hat die Stadt nur noch interessanter gemacht. Die Aktion hätte von uns sein können«, sagt der Tourismuswerber. Bei der »Berlin doesn't love you«-Kampagne handelt es sich um gegen Berlin-Touristen gerichtete Graffiti und Aufkleber, mit denen linke Aktivisten auf die touristische Übernahme der Stadt reagierten.

Kiekers Perspektive, Protestbewegungen unter Marketinggesichtspunkten vor allem als gelungenen Beitrag zur Hebung der touristischen Attraktivität einer Stadt und ästhetisch reizvolles Phänomen zu sehen, ist zumindest erfreulich ideologiefrei und nüchtern. Darin ähnelt sie dem Blick des Protagonisten von Don DeLillos Erzählung »Cosmopolis«, der im New York der nahen Zukunft von seiner Stretchlimousine aus das Spektakel einer militanten Demonstration goutiert: »Obwohl zugeschlagen und Gas versprüht wurde, obwohl eine Bombe hochgegangen war und sogar eine Investmentbank attackiert worden war, fand er, dass dieser Protest etwas Theatralisches hatte, ja, etwas Einnehmendes.«

Weil ein wenig Protesttheater einfach zum touristischen Angebot Berlins gehört, wäre es nur konsequent, wenn endlich eine professionelle Eventagentur im Auftrag von Visit Berlin die Organisation der jährlichen Krawall-Festspiele zum 1. Mai in Kreuzberg übernehmen würde. Schließlich sorgt die Berichterstattung zu diesem traditionsreichen urbanen Event dafür, das Bild eines wilden Berlins in die Welt zu tragen: Fernsehberichte über brennende Barrikaden werben für die aufregende Metropole. Da nicht nur viele der Krawall-Hooligans erlebnisorientierte Touristen sind, sondern auch zahlreiche Polizisten eigens anlässlich dieses Ereignisses aus anderen Bundesländern anreisen, wäre es naheliegend, das 1. Mai-Event als innerstädtisches Extremsportfestival zu vermarkten und die Teilnahme kommerziell zu organisieren. Dass sich das Event ohnehin längst von jeder politischen Dimension gelöst hat, dürfte seiner Attraktivität als besonderes touristisches Angebot keinen Abbruch tun.

Der Hipster-Tourist in vier Kapiteln

»Hipsta Hipsta / Gib mir mein Berlin zurück / Ihr habt mein Berlin gefickt / Und wer sind diese neuen Leute in der Stadt / Wer hat sich die Scheiße ausgedacht / Dass mein schönes Berlin hip ist / Guck wie breit Ihr Euch hier macht / Die sind überall.« SIDO

1. Schnösel 2.0

Zumindest im Habitus ist der Hipster-Tourist vom entsprechenden ortsansässigen Personal kaum zu unterscheiden. Kaum eine andere Gruppe, Politiker und Manager vielleicht ausgenommen, dürften weltweit so uniform auftreten wie Angehörige des fortgeschrittenen Trendstrebermilieus. Nur mit dem Unterschied, dass Manager und Politiker wissen, dass ihr Outfit bloß die Berufskleidung und nichts Besonderes ist. Sie müssen Stilfragen nicht zu Sinnfragen machen, schließlich sorgt bei ihnen schon die Asymmetrie bei der Geld- und Machtverteilung für ausreichend Distanz zum Rest der Menschheit.

Diesen Abstand muss der Hipster alleine durch seinen Stilwillen behaupten. Das ist anstrengend. Kein Wunder, dass er dauernd etwas müde und verwirrt wirkt. Politiker und Manager sind, zumindest bei Dresscode- und Habitusfragen, wesentlich entspannter als Berliner Hipster-Touristen. Lustigerweise verwechselt der Schnösel 2.0 seinen Narzissmus gerne mit kultureller Dissidenz und sein auf Distinktionssignale geeichtes Konsumverhalten mit einem politischen Statement.

Die im Hipster-Milieu gepflegte Reisefreude wie die gerne zur Schau gestellte Weltläufigkeit sorgen für die permanente Feinjustierung der globalen Angleichung – zumal die Weltläufigkeit vielleicht nur eine innerhalb des eigenen Milieus ist. Weil sorgsam gepflegte Distinktionsgrenzen unabdingbar für das Gefühl sind, zur Lebensstil-Avantgarde zu zählen, muss der Hipster peinlich genau auf die Beobachtung und Beherrschung der jeweils aktuellen Codes achten. Das sorgt natürlich für erhöhte Aufmerksamkeit im Dienst des Konformitätsdrucks: Ist der Vollbart immer noch Pflicht und der Zwang zur Hornbrille endlich vorbei? Wo gibt es die überteuerten Vintage-Jacketts? Zahlt Papa die nächste Peking-Reise oder ist jetzt Buenos Aires dran? Was schreibt Mark Greif noch mal genau? Und ist es okay, sein Buch zu erwähnen, obwohl es schon ins Deutsche übersetzt ist? Ist Wodka das neue Marihuana oder umgekehrt?

Das macht den Hipster zum treuen Berlin-Kunden: Allein zum Abgleich der neuesten Habitusregeln sind regelmäßige Berlin-Besuche unabdingbar, Berlin-Mitte-Tourismus als Update in Sachen Selbstinszenierung, Dresscodetraining und Habitusschulung.

Das ist nicht ausschließlich von den zweckfreien Freuden des Narzissmus getrieben. Die entsprechende Milieukompetenz könnte, dezent angedeutet, in Vorstellungsgesprächen oder beim Kantinensmalltalk in Kölner Privatsendern oder Hamburger Werbeagenturen dabei helfen, sich als interessante Persönlichkeit zu vermarkten. Damit tun sich vielfältige Möglichkeiten für neue Serviceleistungen auf: Hip in drei Stunden, Stadtführungen zu den ohnehin von Touristen abhängigen, angeblich illegalen Clubs nach einer Einkaufstour in den entsprechenden Einzelhandelsgeschäften.

Auch für den mit Altmetall behängten Türsteher der Großraumdiskothek Berghain könnten sich schöne Nebenerwerbszweige ergeben: Es müsste der trend-ehrgeizigen Klientel doch etwas wert sein, wenn er sich gegen Entgelt mit ihnen fotografieren ließe.

Bei Berlin-Touristen, deren Budget für solche Späße nicht reicht, tut es notfalls auch ein Besuch in der Volksbühne. Auch danach hat man hinterher in Pforzheim oder Mainz etwas zu erzählen.

Unter Tourismusmarketinggesichtspunkten kann Berlin gar nicht hip, verstrahlt, gesichtshaarbewachsen und schlecht gekleidet genug sein. Der Trend-Hipster ist ein Berlin-Maskottchen. Hoffentlich kann man ihn bald als kleinen Schlüsselanhänger in jedem Souvenirshop kaufen.

2. Siehst du den Mond über dem Soho-House?

An die arrivierten Angehörigen der Hipster-Zielgruppe richtet sich das Angebot des Soho House in der Torstraße – ein Hotel samt Spa, kleinem Kino, Apartments und Restaurant. Der Zutritt ist Clubmitgliedern und ihren Gäste vorbehalten. Um es attraktiver erscheinen zu lassen als es ist, wird das Angebot künstlich verknappt: Clubmitglied kann nur werden, wer sich erfolgreich um die Mitgliedschaft beworben hat. Vom Antrag bis zur Aufnahme kann es dauern. Angeblich werden uncoole Bewerber wie Banker, Politiker und peinliche Protzer über eine schwarze Liste aussortiert. Behauptet zumindest das Soho-Marketing.

Billig ist der Spaß nicht: die reine Club-mitgliedschaft kostet 1200 Euro im Jahr. Diese Filter sind genau wie die vom Service-personal gepflegten Umgangsformen, eine Kombination aus Hochnäsigkeit und Zwangs-geduze, der Zielgruppe angemessen: Perma-nent Lockerheit und Abstand zum Gewöhnli-chen zu demonstrieren, ist harte Arbeit. Ko-misch wird das spätestens, wenn der deut-sche Kellner die deutschen Gäste im Restau-rant auf der Dachterrasse konsequent auf Englisch nach ihren Wünschen fragt, eine Herausforderung, der nicht jeder Gast ge-wachsen ist.

Dafür signalisiert der in der Lobby von Da-mien Hirst persönlich mit schwarzer Farbe auf den unverputzten Beton gesprayte Hai schon beim Einchecken einen erhöhten Cool-ness-Faktor. Zumindest für Leute, die Hirsts Angeberkunst mögen. Hirst und das Soho House ergänzen sich bestens: An Hirsts »Kitsch für Millionäre« (Peter Weibel) sind, genau wie am Soho House, der Preis und das an ihn gekoppelte Distinktionsversprechen das Interessanteste.

Es gibt sicher schlechtere Hotels als das Soho House Berlin. Die 20 Apartments und 65 Zimmer sind geschmackssicher eingerichtet, die Bar in der 7. Etage ist nett und auch das Spa soll angenehm sein. Allerdings ist der Nutzwert höchstens die Zugabe, nicht der Kern dessen, was das Club-Hotel seinen Kunden verkaufen will. Der Markenkern ist das Versprechen, mit der Club-Mitgliedschaft zu einer globalen Kreativkaste zu gehören, oder zumindest im gleichen Restaurant zu essen. Also etwa das gleiche, was weniger ehrgeizige und zahlungsbereite Berlin-Besucher beim Flanieren durch so genannte Szeneviertel in der »Hauptstadt der Coolness« (Visit-Berlin-Geschäftsführer Burkhard Kieker) zu erleben hoffen.

Natürlich muss das Soho-House-Marketing dieses Versprechen liebevoll pflegen. Im Soho House machen sie das zum Beispiel, indem sie dafür sorgen, dass keinem Boulevard-Interessierten entgeht, dass Popstar Madonna bei Berlin-Abstechern gerne gleich mehrere Etagen mietet oder George Clooney dort sein Feierabendbier getrunken hat. Falls jenseits von Berlinale und Gallery Weekend kein Event für den nötigen Aufmerksamkeitsschub sorgt, kreiert das Soho House eben selbst eins. Als es im Juli 2012 die Welt wissen lassen wollte, dass demnächst auch Apartments für längere Berlin-Aufenthalte zum Angebot gehören, veranstaltete man zu PR-Zwecken ein Dinner mit zielgruppennah engagierter B-Prominenz – nicht peinlich oder prolo, nicht zu Mainstream, aber trotzdem so bekannt, dass jeder Popkultur-Interessierte die Namen schon mal gehört hat: Marianne Faithfull, die »Sex and the City«-Schauspielerin Kim Cattrall und der Regisseur Stephen Frears (»Die Queen«) sorgten für die Anmutung einer gewissen Weltläufigkeit. Der Club-Betreiber Heinz Gindullis (»Cookies«) und Musiker der Brachialband Rammstein waren für Berliner Szene-Appeal zuständig.

In den folgenden Tagen veredelte man das PR-Dinner zu Soho-Marketing-Zwecken mit etwas Sinnstiftungssimulation. Beim »Liberatum Berlin Kulturfestival«, bei dem »Kreative aus aller Welt zusammen kommen« (so der begeisterte Gesellschaftsreporter der *Berliner Zeitung*), wurde zur Imagepflege aller Beteiligten heiße Luft produziert, beziehungsweise »über Kunst, Design, Literatur, Musik und Mode« geplaudert.

Dass bei solchen PR-Events nicht zu unterscheiden ist, wer hier für wen wirbt, Kulturindustrieprominenz für ein Hotel, das Hotel für ein Berlin-Lebensgefühl oder der öffentlichkeitswirksam absolvierte Berlin-Besuch für die beteiligten Kulturindustrieprominenten, liegt in der Natur der Sache des Crossmarketings.

Wie man mit Seifenblasensätzen Selbst- und Berlin-Marketing ineinander übergehen lässt, macht Soho-House-Gründer Nick Jones in schönster Klarheit vor, wenn er anlässlich dieses selbst geschaffenen Ereignisses ohne Scheu vor Phrasen behauptet: »Berlin scheint immer mehr zum Dreh- und Angelpunkt des Kreativen zu werden. Deshalb passt unsere Zusammenarbeit mit Liberatum perfekt zur Eröffnung unserer neuen Apartments in der Stadt.«

Das ist die in Werbesprache übersetzte Selbstsuggestion, die jedem Berlin-Touristen, der nur fest genug daran glaubt, in der »Hauptstadt der Coolness« zu sein und im vermeintlichen Zentrum der Hippness und Kreativität den Zeitgeist zu wittern, so viele schöne Berlin-Erlebnisse beschert: Ich! Im Soho House! Madonna! Berlin! Kreativität! Wahnsinn!

Der schönste Ort des Soho House ist die Dachterrasse samt dem kleinen Swimming- pool. Das gemächliche Plätschern des Was- sers hat etwas sehr Beruhigendes. Vor allem nach dem dritten Martini. Der Autor dieser Zeilen hat einen Nachmittag mit zwei sehr entspannten Pop-Musik-Millionären in bester Erinnerung. Von den Liegestühlen über dem achten Stock aus sah sogar die Berliner In- nenstadt fast schön aus. Berlin fühlte sich für einen Augenblick an, als läge es in Kalifornien, als wäre das Leben hier leicht und lässig, und als wären der Stadt und ihren Bewohnern so unschöne Dinge wie Rezession, perspektivlose Unterschicht, Kreativ-Prekariat oder Kleinbürgertristesse höchstens als fernes Gerücht bekannt.

Ein großer Feuilletonist hat entspannte Nachmittage auf solchen Berliner Dachterrassen prägnant beschrieben:

»Wenn Berlin heute die Menschen stärker denn je verbraucht, so bemüht es sich doch auch doppelt um ihre Auffrischung, damit sie sich dann wieder besser verbrauchen können. Und diese Fürsorge ist bereits so weit gediehen, dass man die Erholung nicht einmal mehr in Wannsee suchen muss, sondern sie in der Stadt selber findet. (...) So ist zum Beispiel der Dachgarten eines Hochhauses (...) ganz der Erholung gewidmet. Man durchfliegt im Lift zehn Stockwerke (...) und erreicht eine Plattform, die den Rang eines Höhenluftkurorts beanspruchen darf. (...) Hier scheint die Sonne leuchtender als drunten in der Tiefe, hier weht der Wind wie um Gipfel. Der besondere Zauber dieser Himmelslandschaft besteht aber darin, dass sie eine Menge Liegestühle enthält, die zur kostenlosen Benutzung freigegeben sind. Wer will, kann in ihnen von früh bis in die Nacht hinein die

Zeit vertrödeln, wenn er sie hat, und sich einbilden, auf der Terrasse eines Luftschlosses zu weilen. Zwar erblickt man von ihr aus nur Berlin, das man kennt, aber ein anderes als das bekannte, dem man glücklich entronnen ist. Fremd wie ein blaues Tellergemälde schimmert die Stadt. Ihre Armut, ihre Erwerbslosen und ihre politischen Wirren werden durch die Dächer verborgen, die sich nach allen vier Himmelsrichtungen erstrecken und in eine leichte Dunsthülle getaucht sind. (...) Ist das noch Berlin? Nicht die Stadt selber, sondern nur ihr unwirklicher Glanz dringt zu den Liegestühlen hinauf – ein Glanz, der sich von den Straßen und Plätzen abgelöst hat und den reinsten Sommerfrischenfrieden verbreitet.«

Siegfried Kracauers Besichtigung der Dachterrassen im »Kurort Berlin«, ist am 19. Juli 1932 im *Berliner Abendblatt* erschienen. Offenbar war das Eskapismusangebot, sich über den Dächern der Stadt aus der Berliner Tristesse zu träumen, schon damals attraktiv. Mit der ihm eigenen Eleganz benennt Kracauer die Voraussetzung der Nachmittagserholung im Liegestuhl: Der Blick von oben, dem die Stadt zur hübschen Landschaft wird. Der Berlin-Glamour, den die Müßiggänger von ihrem »Luftschloss« aus genießen, hat sich vom Berlin zu ihren Füßen »abgelöst«. Das verbindet ihren Blick mit dem ästhetisierenden, an der Stadt nur als Bildoberfläche interessierten Blick der Hipster-Touristen von heute: Ihr Berlin funkelt desto schöner, je konsequenter der Rest der Stadt ausgeblendet und auf Distanz gehalten wird.

Vielleicht ist es kein Zufall, dass ein paar Straßenecken vom Soho House entfernt das Weekend, ein eher cleaner Club, ebenfalls mit einer Dachterrasse, diesmal sogar im 15. Stock, wirbt. Das Dachterrassenpublikum bei Kracauer, im Soho House, im Weekend genügt und feiert sich selbst. Die Stadt ist diesem Hipster-Berlin auf den Hochhausdächern bestenfalls ein günstiger Nährboden und ein angenehmes Hintergrundrauschen.

Wenn Hipster-Touristen von Berlin begeistert sind, sind sie in Wirklichkeit von sich selbst begeistert. Sie finden Berlin so hip, weil sie in Berlin sind. Wenn der Soho-House-Gründer Nick Jones von Berlin als »Dreh- und Angelpunkt des Kreativen« schwärmt, schwärmt er natürlich nur von seinem Hotel, das er der Kundschaft gerne als »Angelpunkt des Kreativen« verkaufen möchte.

Und jetzt die gute Nachricht: Der Ansturm hält sich offenbar in Grenzen. Bei einer zufälligen, natürlich völlig unrepräsentativen Stichprobe Ende Dezember 2012, war das Hotel in den ersten vier Monaten an genau

zwei Tagen, dem 1. und dem 15. Januar, aus-
gebucht, trotz Berlinale und Fashion Week.
Nicht die Stadt selber, sondern nur ihr unwirklicher Glanz dringt zu den leeren Hotel-
zimmern des Hipster-Turms hinauf.

3. Die Hipster-Berlin-Touristen-Performance

Da steht er, der jugendliche Berlin-Tourist.
Wie es sich gehört mit Rollkoffer, dicken
Kopfhörern und im gemäßigten Hipster-
Dresscode. Designer-Parka, rosa Pullover
und Schluffi-Jeans sitzen, beziehungsweise
hängen vorschriftgemäß.

Jetzt könnte es losgehen, das Berlin-Aben-
teuer. Aber natürlich geht gar nichts los, erst
recht kein Abenteuer.

Der Berlin-Tourist ist zu allem bereit, er
sucht Kontakt und ruft mit der ihm eigenen
Mischung aus Penetranz und Orientierungs-
losigkeit: »Hallo, Berlin! Hallo! Berlin!« Aber
Berlin hat keine Lust zu antworten. Also
fängt er nach Touristen-Art an, ungefragt
jedem, der es nicht hören will, von seinen
Berlin-Erlebnissen zu berichten. Die Produktion solcher aufgeregten Berlin-Erzählungen,
die die lieben Verwandten und die Kollegen
in irgendeiner Stadt in der Provinz dann

noch jahrelang ertragen müssen, gehört zu den trostlosesten Folgen des Berlin-Tourismus: Ich! Am Brandenburger Tor! Wahnsinn!

Das Berlin-Touristenexemplar im rosa Pullover steht auf einer Bühne des Kreuzberger HAU-Theaters. Sein Auftritt gehört zu einem Theaterstück. In Wirklichkeit ist er ein Schauspieler, kein besonders guter, deshalb lautet die korrekte Berufsbezeichnung auch Performer.

Der Performer auf der Kreuzberger Bühne spielt in einem Stück der niederländischen Gruppe »Wunderbaum« mit dem pompösen Titel »Visions out of Nothing«. Es geht irgendwie um Berlin und irgendwie um Theater und vor allem darum, wie toll die eigene Lockerheit ist. Es ist fürchterlich. Aber zumindest unter Berlin-Tourismus-Forschungsaspekten ist die Darbietung interessant. Denn die niederländischen Performer sind vielleicht keine richtigen Künstler, aber sie sind auf jeden Fall richtige Berlin-Touristen. Für ihr Stück haben sie Berlinern auf der Straße dumme Fragen gestellt, das gefilmt und sich dabei selbst ganz großartig gefunden. Was Berlin-Touristen halt so machen.

Nach den gefilmten Berlin-Spaziergängen (Performer nennen das »Recherche«) macht sich der Performance-Tourist im rosa Pullover auf der Theaterbühne so seine Gedanken. Touristen von der nachdenklichen, aber des Denkens nicht wirklich mächtigen Sorte sind bekanntlich immer und überall die unerträglichsten. Solche Leute wissen in der Regel nach spätestens einem Tag in Jerusalem, wie der Nahost-Konflikt zu lösen wäre, würde man nur auf sie hören. Sie erklären auch gerne jedem Brasilianer in Rio, weshalb der Regenwald am Amazonas unbedingt gerettet werden muss und wie das geht.

Weil Berlin nichts erspart bleibt, herrscht an dieser Sorte nachdenklicher Touristen kein Mangel. In diesem Fall erklärt der Performance-Tourist auf der HAU-Bühne dem Publikum die Gentrifizierung. Er hat gehört, dass die Berliner diese rätselhafte Bedrohung ihres Müßiggangs fürchten. Aber die Gentrifizierung, wundert sich der Touristen-Performer, »das bin ja ich!«

Nicht nur Berliner hat der Performer auf seinen Spaziergängen getroffen, sondern auch eine gewisse Sylvie. Sie trägt ein aufmerksamkeitsuchendes rotes Kleid und ist sehr davon begeistert, von dem Performer interviewt zu werden. »Ich bin die Sylvie! Ich komme aus einem kleinern Dorf in Oberschwaben! Jetzt bin ich in Berlin! Berlin ist toll! Hier ist alles so offen und kreativ!«, strahlt sie euphorisch in die Kamera. Und weil in Berlin alles so offen und kreativ ist, steht sie kurz darauf als Mitspielerin auf der Bühne.

Das ist Berlin, wie der Tourist es liebt. Touristen interviewen sich gegenseitig, halten das für einen Beweis der eigenen Offenheit und kommen damit sogar auf eine Kreuzberger Bühne: Die Stadt als Selbstverwirklichungsurlaubsresort, in dem sich jeder schwäbische Provinzler und holländische Amateurschauspieler alleine durch seine Anwesenheit in der »Hauptstadt der Coolness« für cool und kreativ halten darf.

4. Gesättigte Märkte: Endstation Kastanienallee

»Castingallee, Castingallee. Wir alle, wir alle, sitzen auf der Castingallee.«
Rainald Grebe

Olaf Grützner und Stefan Dietzelt haben eigentlich nichts gegen Berlin-Touristen. Schließlich sind sie ein Teil ihrer Kundschaft. Die Designer verkaufen in ihrem Laden Eisdieler eigene Mode – T-Shirts, Sweater, Jacken, Hosen, teilweise Einzelstücke, alles geschmackssicher und zu kommoden Preisen.

Der Eisdieler liegt auf der Kastanienallee, mitten in der Ausgeh- und Einkaufsmeile am Prenzlauer Berg. Hierher kommen Touristen, um sich mit Trendaccessoires oder Vinyl-Platten einzudecken oder zumindest etwas Atmosphäre zu inhalieren. Stefan Dietzelt erzählt von Kunden aus Frankreich, der Schweiz, Skandinavien, Italien, Holland, die bei ihren Berlin-Besuchen ein oder zweimal im Jahr gezielt den Eisdieler ansteuern.

Natürlich sind ihm diese Kunden sympathisch. Nicht nur, weil sie für Umsatz sorgen, sondern weil sie seine Arbeit wertschätzen. Dass es ihnen vielleicht auch darum geht, dass die Sweater und T-Shirts aus Berlin kommen, dass sie damit Berlin-Lebensgefühl kaufen und nachhause mitnehmen wollen, stört den Designer nicht weiter.

Interessant ist der Imagetransfer trotzdem: Der Verweis auf die Stadt wird zum Authentizitätslieferanten, das T-Shirt signalisiert: »Ich war da! Auch ich bin tief in meinem Inneren ein Mitte-Berliner. Zumindest als Gast für ein paar Tage.«

Für den Designer Dietzelt ist das kein Grund für Kulturpessimismus: »Viele Touristen sind eine Bereicherung für die Stadt –

kulturell, stilistisch, ökonomisch.« Punkt. Ein Eisdieler-Mitarbeiter hat Spanisch gelernt, weil viele Kunden aus Spanien und Lateinamerika kein Englisch sprechen. Schon weil die beiden Designer selbst gerne reisen, gefällt es ihnen, dass ihr Publikum international durchmischt ist.

Einerseits. Andererseits sind die Zeiten, in denen der Eisdieler ein Geheimtipp und die Kastanienallee einfach eine Straße mit netten Läden war, lange vorbei. Als die Designer 1999 mit ihrem Laden von der in den 90er Jahren billigen, später aufgehübschten und totsanierten Auguststraße in die Kastanienallee zogen, war er dort eines von zwei Modegeschäften. Heute reiht sich ein Klamottenladen an eine Kneipe, an einen Plattenladen, an das nächste Modegeschäft.

Olaf Grützner: »Anfangs kam vor allem Szenepublikum. Jetzt kommt immer mehr Mainstream, auch jenseits der Fünfzig. Die meisten gucken nur und kaufen nichts. Inzwischen kommen mehr Schaufensterbummler als Käufer. Das hat auch etwas von einem Zoo. Ab und zu kommen Gruppen von Teenies in den Laden, wühlen in den T-Shirts wie bei H&M und gehen wieder raus. Ich habe auch keine Lust mehr, jedem, der in den Laden kommt, unsere Geschichte zu erzählen, wie man das früher vielleicht gemacht hätte. Vor ein paar Jahren war das hier die Straße in Berlin mit der größten Dichte an Klamottenläden, die die Designer selbst gemacht haben, Berliner Label. Das ist stark rückläufig, weil die meisten sich die steigenden Mieten irgendwann nicht mehr leisten konnten. Unser Untergang wäre, wenn hier irgendwann H&M oder ein anderer Konzern den ersten Store eröffnen würde, um an den Touristen zu verdienen. Dann übernimmt das hier die Industrie. Ein paar Ecken weiter hat schon ein großes Geschäft einer skandinavischen Kette aufgemacht. Die wissen natürlich, weshalb sie hier die hohen Mieten zahlen, und lieber in den Prenzlauer Berg gehen als nach Steglitz. Inzwischen kommen auch viele Touristen hierher, die sich für gar nichts interessieren, und einfach nur billig kaufen wollen.«

Der Eisdieler-Betreiber sagt das ziemlich nüchtern und frei von Larmoyanz. Er kultiviert keine Snob-Attitüde und betont, dass er natürlich auch nichts gegen ältere Kunden hat. Er registriert einfach, wie sich seine Straße in den letzten 13 Jahren verändert hat – hin zur Hipness-Konsummeile im Endzustand. Nichts daran ist überraschend. Pech für diejenigen, die mit ihren netten, kleinen Läden aus irgendeiner Straße mit Altbaubestand eine attraktive Einzelhandelsadresse samt stetem Strom fashion- und ausgehfreudiger Laufkundschaft gemacht haben. Zeit, für die großen Spieler, in den reifen Markt einzusteigen und abzusahnen.

Was Hans Magnus Enzensberger über den gewöhnlichen Touristen sagt, gilt erst recht für den Hipster-Touristen: »Der Tourist zerstört, was er sucht, indem er es findet.« Es gilt vielleicht auch für Kreative wie Olaf Grützner und Stefan Dietzelt. Indem sie einen Markt geschaffen haben, haben sie gleichzeitig die Voraussetzug für den Markteintritt der brachial-kommerziellen Konkurrenz geschaffen.

Wenn sie Pech haben, könnte die sie und ihresgleichen platt machen, bis die Kastanienallee auch nicht anders aussieht als eine Einkaufsstraße in Hamburg oder Dresden. Touristen sind die Zielgruppe, auf deren Kaufkraft all diese Prozesse zielen, die die Hipster-Touristen mit ihrer Suche nach dem etwas originelleren Bekleidungsangebot ausgelöst haben.

Man muss nicht den einschlägigen Bestseller »The Rise of the Creativ Class« des Mode-Soziologen Richard Florida lesen, um zu wissen, dass es bei solchen Prozessen der kommerziellen Aufwertung und Auswertung einst subkultureller Nischenareale darauf ankommt, etwas vom alten Flair zu konservieren. Nur so lässt sich ein gewisser Rest-Charme simulieren. In der Konsequenz würde das für die Kastanienallee bedeuten: Nette Läden wie der Eisdieler oder die angenehm unprätentiöse Kneipe Schwarzsauer ein paar Häuser weiter müssten zur Flair-Verbesserung künstlich vor den Härten des Marktes geschützt und so am Leben gehalten werden. Nicht aus Menschenliebe, sondern aus Kalkül, um die Attraktivität der Einkaufsmeile zu sichern und zu verhindern, dass sie gesichtslos verödet.

Die wenigen nicht von Konzernen und Ketten betriebenen Läden und Kneipen würden zu urbanen Authentizitäts-Lieferanten und Boheme-Viertel-Signalen. Das wäre dann ein Fall von Quersubventionstheater im Stadtraum als Dauerzustand, also etwas, wovon viele Performancekünstler schon lange träumen.

Die Schwarzsauer- wie die Eisdieler-Betreiber dürften sich für solche Spiele und die Verwandlung ihres Berufslebens in eine Statistenrolle zu schade sein. Auch den Berlin-Vermarktungsbeauftragten wird vermutlich bei aller Richard-Florida-Lektüre am Ende die nötige Kaltblütigkeit fehlen, um den logischen nächsten Schritt zu gehen.

Natürlich werden auch die üblichen Touristenmarotten in der Kastanienallee mit Hingabe zelebriert. Zum Beispiel der Hang, ungefragt alles zu fotografieren. Besonders gerne auch die von Street-Art-Künstlern bemalte Fassade des Eisdieler. Nicht einmal die Woche, sondern dauernd. Gerne wird auch mal im Laden fotografiert, natürlich ohne um Erlaubnis zu fragen. Dem Touristen ist die Welt auch hier nichts als ein Schauwertlieferant.

So sorgen die Modedesigner und Ladenbetreiber unfreiwillig für Fotomotive, die als Souvenir und Belegstück für ein Berliner-Edel-Boheme-Lebensgefühlklischee herhalten dürfen. Olaf Grützner: »Diese Leute interessieren sich nur für die Fassade.«

Das haben Touristen auf Fotosafari so an sich. Würden die Ladenbetreiber exzentrischer aussehen, wären sie selbst vermutlich auch nicht davor sicher, ungefragt geknipst zu werden wie exotische Eingeborene, Angehörige wilder Berliner Stämme mit rätselhaften Bräuchen. Zumindest unter Gesichtspunkten der Kolonialismuskritik und Abrechnung mit dem Eurozentrismus wäre das als Beispiel ausgleichender Ungerechtigkeit okay. Zumindest, wenn die iphone-bewaffneten Exotismusschnäppchen- und Bildchenjäger statt aus Bielefeld und Kopenhagen aus Indien, Lateinamerika oder Afrika stammen würden. Was bisher die Ausnahme ist, aber das kann sich ja im Zusammenspiel von Wirtschaftskrise und Globalisierung noch ändern. Dann dürfen im Berlin-Folklore-Stil aufgemachte Berlin-Hipster-Darsteller vor den Kameras reicher Russen, Araber, Chinesen und Brasilianer posieren, um etwas Geld zu verdienen. Wenn sie ihr Leben schon mit einem Image verwechseln, dann wenigstens richtig.

Die Stadt als Partymeile

Nicht nur die Clubs sorgen dafür, dass den feierfreudigen Berlin-Touristen die Absturz-Gelegenheiten nicht ausgehen. Die Stadt selbst macht sich zur Partyzone, wenn sie für Großevents ganze Straßenzüge sperrt. Ob Silvesterfeiern am Brandenburger Tor oder Fanmeilen und Public-Viewing-Parties zur Fussball-WM, ob der »Vattenfall Berliner Halbmarathon«, der »BMW Berlin-Marathon« oder das Radrennen »Gamin Velothon«, ob Christopher Street Day, triste Weihnachts-märkte oder ein noch tristeres »Oktoberfest« am Alexanderplatz, ob die Fashion Week an der Straße des 17. Juni, der Karneval der Kulturen oder die Fuck-Parade in Kreuzberg, das »Internationale Berliner Bier Festival« auf der Karl-Marx-Allee mit »2000 Biersorten aus aller Welt« – irgendein Grund zum Fei-ern auf Berliner Straßen findet sich immer. Je größer, desto besser, schließlich feiert die Masse in diesen Großparties vor allem sich selbst.

Wenn es sich nicht gerade um Marathonläufe handelt, besteht der Sinn der Teilnahme an solchen Großevents vor allem darin, nicht länger als unbedingt nötig nüchtern zu bleiben. In jeder Hinsicht gilt: Je dichter, desto besser. »Die Masse liebt Dichte. Sie kann nicht zu dicht sein. Es soll nichts dazwischen stehen, es soll nichts zwischen sie fallen, es soll möglichst alles sie selbst sein«, wusste schon Elias Canetti. Auch wenn er damit natürlich nicht unbedingt die auf den Berliner Open-Air-Theken verabreichte Promille-Dichte meinte.

Die Dauerbespaßung der Innenstadt ist keine Berliner Spezialität. Der Party-Deutsche belästigt mit seinen Events noch die letzte Kleinstadtfußgängerzone. Angesichts der permanenten »Biermarkensauffeste, Schlagermusikaufmärsche, Citywettrennen, Motorenkämpfe« zum Hafenamüsement für »hunderttausende Kurztripgaffer« konstatiert zum Beispiel Schorsch Kamerun, dass die Stadt Hamburg »sich selbst und ihre unterforderten Bürger in braven Schauspektakeln verkaspert«. Im Ekel vor dem Eventstumpfsinn lässt sich ein geschmackssicherer Punk wie Kamerun von keinem feinsinnigen Bildungsbürger übertreffen. Aber weil Berlin schon immer etwas breitbeiniger war und sich traditionell von keinerlei Manieren

bremsen und zu Rücksichtnahme oder De-
zenz verleiten lässt, muss die Spektakel-Pa-
rade hier natürlich in größtmöglicher Bra-
chialität abgefeiert werden. Dichter, größer,
lauter, heftiger – ohne die Hysterie der Su-
perlative kommen die Berliner Massenevents
nicht aus. Wie Siegesmeldungen von den
Fronten einer manisch depressiven Spaßge-
sellschaft klingen die Mitteilungen, auch dieses Jahr hätten bei der »weltweit größten«
(*Bild*-Zeitung) Silvester-Party wieder über
eine Million Menschen am Brandenburger
Tor gefeiert.

Aber das ist ausbaufähig. Eine Million Sil-
vester-Kracher können nur der Anfang sein.
Nach einer Umfrage des Internetportals »Ho-
tels.com« vom Dezember 2012 würde jeder
dritte Deutsche gerne mal vor der Kulisse des
Brandenburger Tors inmitten der Menschen-
massen aus aller Welt ins neue Jahr feiern.
Silvester ist Hochsaison für den Berliner Party-Tourismus. Ende 2011 beispielsweise kamen nach Erhebungen von Visit Berlin mindestens zwei Millionen Menschen über die
Feiertage nach Berlin. Das Internetver-
gleichsportal »Check 24« meldet, Berlin sei
das beliebteste Silvesterziel der Deutschen.

Das hat Konsequenzen. Teile der Innenstadt als Partyareal zu bespielen, ist erklär-
tes Ziel der Landesregierung. Im Dezember

2012 bewilligte die Berliner Wirtschaftssenatorin Cornelia Yzer neun Millionen Euro aus Wirtschaftsfördermitteln, um auf der Straße des 17. Juni zwischen Brandenburger Tor und Siegessäule durch Umbauten ideale Voraussetzungen für Großparties zu schaffen: Feiern als Wirtschaftsfaktor.

Der Bezirk Mitte und die Senatsverwaltung für Stadtentwicklung rundeten aus ihren Mitteln den Etat für die Bauarbeiten auf 14 Millionen Euro auf. Die Zweckentfremdung einer Hauptverkehrsstraße als gut ausgestattete Partylocation ist nicht ganz unaufwändig:

»Die Straßenlaternen werden umgerüstet, damit sie im Falle eines Stromausfalles mit Notstromaggregaten innerhalb einer Sekunde wieder anspringen. Zudem werden Wege durch den Tiergarten für Rettungsfahrzeuge ausgebaut und Lautsprecheranlagen installiert, um im Notfall beruhigend auf die Besucher einwirken zu können. Feste Fluchtwege durch den Tiergarten sollen auf der ganzen Meile ausgewiesen werden. Geplant ist weiterhin, die Mobilfunkkapazitäten zu erweitern, damit möglichst viele Besucher der Silvesterparty ihre Neujahrs-SMS verschicken können.« (*Berliner Morgenpost,* 29.12.12.)

Das ist nicht dekadenter Luxus einer überschuldeten Stadt, sondern eine Investition in die Infrastruktur für den Party-Tourismus. Damit der Umbau bis zur Fußballweltmeisterschaft im Sommer 2014 abgeschlossen ist, soll immer dann gebaut werden, wenn auf der Straße keine Großveranstaltungen stattfinden. Dass damit eine zentrale Ost-West-Verkehrsachse auf Dauer ganz oder teilweise für den Verkehr gesperrt wird, stört nicht weiter. Spektakel geht vor Nutzwert. Bildproduktion und die Optimierung der Stadt als touristisches Erlebnisangebot haben Priorität: »Niemand soll sich einreden, dass diese wichtigen Veranstaltungen hier wieder weggehen«, sagt Wirtschaftssenatorin Yzer. »Wir können stolz sein, dass so viele Menschen kommen und dass diese Bilder um die Welt gehen.«

Eine kleine Ästhetik des Widerstands

Auf den Straßen gehen viele Berliner schon aus Gründen der Schonung der eigenen Nerven dazu über, anstrengende, mit Reiseführern fuchtelnde und aufgeregt nach dem Weg zum Brandenburger Tor, dem Berliner Ensemble oder dem KaDeWe fragende Touristen einfach zu ignorieren. Besonders provinziell veranlagte und touristen-allergische Berliner sind uncharmanterweise sogar stolz darauf, umherirrende Touristen prinzipiell in die falsche Richtung zu schicken. Andere, ansonsten durchaus weltläufige Einheimische neigen dazu, Touristen gegenüber ihre Englischkenntnisse zu vergessen und allzu übergriffige Kontaktversuche in Fremdsprachen stoisch auf Deutsch zu beantworten.

Vor einiger Zeit erfreute sich im Bionade-Biedermeier-Bezirk Prenzlauer Berg eine andere Strategie einiger Beliebtheit. Zum Schutz des heimatlichen Dorf-Kiezes vor dem Ansturm aus der bedrohlichen großen Welt da draußen überklebte man die Schilder der

Straßennamen mit frei erfundenen Namen in identischer Schrift. Gegen die so produzierte Desorientierung half keine Smartphone-App.

Auch Bewohner anderer Stadtteile würden offenbar gerne ein Schild mit der Inschrift »Touristen müssen leider draußen bleiben« aufstellen. Schon 2010 schickten Anwohner des Kreuzberger Graefe-Kiezes an einen Reiseführer-Verlag einen Brief mit der Bitte, Touristen ihre Straßen nicht mehr anzupreisen.

Weniger höflich sind die spätpubertären Gewaltfantasien, die das Autonomen-Blättchen *Interim* kultiviert. Im Dezember 2010 empfahl es seinen Lesern, Touristen in Cafés Handys und Brieftasche zu stehlen, ihre Autos anzuzünden, Hotelfenster einzuwerfen und Touristen-Busse zu bewerfen. Was verwirrte Autonome an langen Abenden nach dem dritten Bier halt so vor sich hin delirieren.

Zuletzt manifestierte sich die Gereiztheit gegenüber den Touristen bei dem in den Medien, in der Politik und den Kneipen begeistert geführten Gespräch über illegal als Ferienwohnungen zweckentfremdete Wohnungen. In einer Stadt zügig steigender Mietpreise ist der Adrenalinausstoß bei diesem Thema hoch. Jens-Holger Kirchner, grüner Baustadtrat in Pankow, schätzt, dass am

Prenzlauer Berg 1.500 Wohnungen vom Tourismus okkupiert sind. Allein in der besonders beliebten Wilhelmstraße in Berlin-Mitte werden 200 bis 300 Ferienwohnungen an Touristen und Kurzbesucher vermietet, glaubt der zuständige Bezirks-Stadtrat Carsten Spallek (CDU). Im gesamten In-Bezirk Mitte rechnet Spallek mit 2000 bis 3000 zweckentfremdeten Wohnungen.

In Friedrichshain-Kreuzberg schätzt der grüne Bezirksbürgermeister Franz Schulz, dass in seinem Bezirk 1000 bis 5000 Wohnungen durch Kurzvermietung an Touristen dem Mietmarkt entzogen werden. In ganz Berlin sollen es nach Schätzungen des Hotel- und Gaststättenverbandes zwischen 12.000 und 15.000 Wohnungen sein. Das ist die Untergrenze. Kurzvermietungen an Touristen sind lukrativ. Und bei feierfreudigen Berlin-Besuchern eine Zumutung für die übrigen Anwohner.

Als der Bezirk Pankow Anfang 2013 den Betrieb von Ferienwohnungen aus Gründen des Milieuschutzes »stets genehmigungspflichtig« machte und gleichzeitig genau diese Nutzung nicht mehr genehmigte, war Baustadtrat Kirchner schnell Sympathieträger in allen Medien: Der Baustadtrat der Herzen. Die Anwohner reagierten prompt: »Wir können uns vor Hinweisen nicht retten«, gab Jens-Holger Kirchner der Presse zu Protokoll. Ob per Telefon, Mail oder per Post – jeden Tag wurden neue Ferienwohnungen gemeldet. Der Straßenkampf zwischen touristischen Berlin-Konsumenten und Berlinern wird im Bezirksamt Pankow auf dem Verwaltungsweg entschieden.

In der Gastronomie besteht der dezente Widerstand gegen marodierende Touristenhorden in kleinen »Reserviert«-Schildern auf jedem Tisch. Kommen Gäste, die etwas zu lautstark und breitbeinig touristisches Revierverhalten demonstrieren, sind leider alle Tische vorbestellt, tut uns leid.

»Wenn wir in einem Reiseführer als Geheimtipp stehen und jeden Tag Busladungen mit Spaniern oder Engländern kommen, bleiben ganz schnell die Stammgäste aus. Und das will ich nicht. Schließlich will ich mich in meinem Restaurant wohl fühlen«, sagt eine Kreuzberger Gastronomin.

Als ein kleiner Neuköllner Club plötzlich im Bordmagazin einer Billigfluglinie als »typical Berlin« angepriesen wurde, machten die Betreiber einfach ein paar Wochenenden zu, weil sie auf die Import-Hipster, die sich beschweren, dass das Becks 3 Euro kostet, keine Lust hatten. Das japanische Restaurant Hakata weist mit Gnadenlosigkeit eines Samurai schon am Eingang darauf hin, dass

Gruppen mit mehr als vier Personen nicht bedient werden.

Richtig Ärger handelten sich die Betreiber des Kreuzberger Café Marx ein. Schwer genervt von den raumgreifenden Manieren und eher unzivilisierten Umgangsformen der Gäste aus einem benachbarten Hostel führten die Café-Betreiber ein differenziertes Preissystem ein. Die Preise wurden erhöht, Stammgäste bekamen aber unkompliziert 20 Prozent Rabatt. »Bei uns gibt es eine Speisekarte. Die Preise zahlen alle Gäste. Stammkunden erhalten eine Kiezkarte, die 20 Prozent Rabatt auf die Kartenpreise vorsieht«, erklärte der Rechtsanwalt des Cafés. Das könnte man freundlich als eine Form positiver Diskriminierung und praktizierter guter Nachbarschaft verstehen.

Allergische Reaktionen blieben nicht aus. In Internetforen machen sich beleidigte Touristen Luft. Offenbar wurde die Überprüfung des Gerüchts vom touristen-diskriminierenden Café schnell selbst zur beliebten Touristen-Beschäftigung: »Mit einem Fotoapparat um den Hals betrete ich das Café Marx, nehme Platz und lege demonstrativ einen Berlin-Reiseführer auf den Tisch. Beim Kaffeetrinken beobachte ich zwei Touristinnen, welche die Mitarbeiter des Cafés fragen, in welchen Kreuzberger Hostels eventuell noch

Betten frei seien. Sie werden mit höhnischem Unterton abgewimmelt. Als sie außer Sichtweite sind, scherzt das Personal über ihre Naivität. Als ich einige Zeit später bezahlen möchte, werde ich nicht nach meinem Wohnort gefragt und bezahle den Touristenpreis«, schreibt ein Florian Eisheuer auf www.archiv.raid-rush.ws. Er neigt offenbar zu drastischen Gegenmaßnahmen: »Ich selbst werde auch dumm angeschaut, wenn ich fotografieren gehe. Diese ganze Kreuzberg/Friedrichshain-Alternativszene ist dermaßen zum Kotzen, da kriegt man echt das Bedürfnis, mit nem Bagger in das besetzte Haus zu fahren.« Wenn Touristen eine Wohngegend fluten, stellt sich offenbar auch bei Caféhaus-Besuchen relativ schnell die Frage, wem die Stadt gehört.

Last Man Standing:
Franz Schulz

Wesentlich wirkungsvoller als solche eher symbolischen Widerstandsgesten ist das unspektakuläre, kleinteilige, juristisch geordnete Verwaltungshandeln. Nicht aufregend, aber folgenreich. In der Auseinandersetzung darüber, wem die Stadt gehört, wird zum Beispiel auch darüber diskutiert, ob die 2002 abgeschaffte Zweckentfremdungsverbotsverordnung, kurz ZwVVO, wieder in Kraft gesetzt werden soll. Sie wäre ein effizientes Instrument gegen profitable Wohnraumzerstörung. Infolgedessen wird sie von der Berliner CDU, die weiß, was sie der Immobilienwirtschaft verdankt, bekämpft.

Franz Schulz ist versiert im juristischen Nahkampf gegen die Touristifikation der Stadt. Zu seinen Aufgaben gehört es, Anwohner vor den gröbsten Tourismus-Zumutungen zu schützen, oder es zumindest zu versuchen. Schulz, ein nüchterner, eher charismafreier grüner Kommunalpolitiker und das Gegenteil eines populistischen Lautsprechers, ist seit 2006 Bezirksbürgermeister von Friedrichshain-Kreuzberg. Und weil er weiß, dass seine Partei unter Spaßbremsenverdacht steht, betont er erstmal, dass Friedrichshain-Kreuzberg, natürlich, ein weltoffener Bezirk ist, und er, selbstverständlich, nichts gegen Touristen hat, die auf der Bergmannstraße flanieren oder in Kreuzberg das Jüdische Museum oder den Gropius Bau besuchen.

»Dann haben wir noch einen Ausgehtourismus, der immer wieder zu Konflikten mit den Anwohnern führt: Simon-Dach-Straße, Bergmannstraße, Oranienstraße, Schlesische Straße. Es gibt eine Befragung, die im Ergebnis sehr deutlich zeigt, dass in Friedrichshain-Kreuzberg die kritische Haltung gegenüber den Party-Touristen sehr ausgeprägt ist, signifikant stärker als in den anderen Berliner Bezirken. Der Lärmpegel ist durch die Clubs und die Gastronomie massiv gestiegen. Das kam in den letzten zehn Jahren sehr rasch und sehr massiv. Und das stieß auf eine weitgehend intakte und gelebte Nachbarschaft«, erklärt der Politiker die konfliktträchtige Lage.

»Viel Ausgehpublikum kommt aus den anderen Bezirken, das ist ein innerberliner Problem. Diese Beobachtung hat viele irritiert, die die Touristen für alles verantwortlich machen, was sie stört. Wenn sich die Lärmproblematik und die Konflikte zwischen Gastronomie und Anwohnern nicht in Gesprächen lösen lassen, greifen wir genehmigungsrechtlich ein, indem wir den Außenausschank nur noch bis 22 oder 23 Uhr genehmigen. Oder wir erlauben draußen ab 22 Uhr nur noch die Hälfte der Plätze. Ich halte es nicht für eine stadtentwicklungspolitisch wünschenswerte Entwicklung, dass ganze Kneipen-Straßenzüge entstehen, wie zum Beispiel in der Simon-Dach-Straße. Nur, wenn es schon passiert ist, hat das Bezirksamt kaum Einflussmöglichkeiten.«

Und dann kommt Schulz langsam in Fahrt und wechselt von den Allgemeinbeobachtungen zu detailfreudig erläuterten Verästelungen des Verwaltungsrechts. Er und seine Leute durchpflügen es auf der Suche nach möglichen Instrumentarien gegen die touristische Übernahme des Bezirks offenbar akribisch.

»Ein Oberverwaltungsgerichtsurteil aus Rheinland-Pfalz, 2011, besagt, dass, wenn eine Häufung von Gastronomiebetrieben in einer Wohngegend dazu führt, dass Einkaufsmöglichkeiten für Anwohner verdrängt werden, der Bäcker, das Lebensmittelgeschäft, der Buchladen, wir den Bauantrag für eine gastronomische Nutzung ablehnen können«, referiert der Bezirksbürgermeister. Wahrscheinlich hätte Schulz, wenn man ihn irgendwann nachts aufwecken würde, nicht das geringste Problem damit, die Feinheiten und Konsequenzen dieses Oberverwaltungsgerichtsurteils samt aller relevanten Paragrafen und Aktenzeichen penibel und gerichtsfest zu erläutern.

»Das ist ein Paradigmenwechsel«, erklärt er dem juristisch ahnungslosen Buch-Autor im tristen Besprechungszimmer des Kreuzberger Rathauses. »Wir wissen nicht, ob sich das in der richterlichen Überprüfung auch in Berlin hält. Dieses Instrument zu verwenden, setzt allerdings voraus, dass man weiß, dass ein wohnungsnaher Versorger die Kündigung vom Vermieter erhält, weil der Vermieter an einen Gastronomen vermieten will, der eine weit höhere Miete bezahlen kann. Wir als Baubehörde bekommen das ja erst mit, wenn der Gastronom den Bauantrag stellt. Aber dann ist der gekündigte Bäcker oder Fleischer im Zweifel schon weg. Wenn wir erfahren, dass ein Geschäft aus diesen Gründen gekündigt wird, würden wir intervenieren. Wir haben angefangen, das deutlich in die Bevölkerung zu kommunizieren, in der Hoffnung, dass wir so von solchen geplanten Mieterwechseln rechtzeitig erfahren, um die alt eingesessenen Geschäfte vor der Verdrängung durch Gastronomie schützen zu können. Wir gehen davon aus, dass wir ganz gut mit Information versorgt werden.«

Jüngstes prominentes Kreuzberger Beispiel für dieses Konfliktmuster: Die aggressiv expandierende Döner-Grill-Kette Hasir will in der Touristenmeile am Kottbusser Tor, an der Ecke Oranien-, Adalbertstraße, ein neues Restaurant eröffnen. Es wäre die fünfte Hasir-Filiale auf den 250 Metern Adalbertstraße zwischen Kottbusser Tor und Oranienstraße. Das Imbissangebot scheint sich zu lohnen; schließlich spuckt der U-Bahnhof am Kottbusser Tor im Minutentakt Touristen auf der Suche nach dem wilden Kreuzberg aus.

Bisher befindet sich dort, wo Hasir gerne seine nächste Touristen-Abkassierstation eröffnen würde, ein türkischer Blumenhändler – legendär, weil 24 Stunden täglich geöffnet. Um dessen Geschäftsräume übernehmen zu können, haben die Hasir-Eigentümer einfach das ganze Haus gekauft. Als das Lokalfernsehen darüber berichtete, stand auch Schulz solidarisch vor dem Blumengeschäft und sagte seine Bezirksbürgermeistersätze zum Schutz des Einzelhandels gegen eine Imbiss-Monokultur ins Fernsehmikrofon. Wie es aussieht, werden den Juristen seiner Bezirksbaubehörde die Fälle, in denen sie das einschlägige Oberverwaltungsgerichtsurteil aus

Rheinland-Pfalz zur Anwendung bringen, nicht so schnell ausgehen.

»Die Bevölkerung ist gegenüber solchen Umwandlungsprozessen und der Herausbildung ganzer Ausgehkieze sehr kritisch eingestellt. Zu viel Angebote für Ausgehpublikum können ein Quartier abwerten und anspruchsvollere Anbieter, kleine Läden, aber auch besser verdienende Anwohner verdrängen«, sagt Schulz im Besprechungszimmer des Kreuzberger Rathauses. Dann erteilt er dem Besucher noch etwas Nachhilfe im Regelwerk des Baurechts, um zu erklären, wie es im juristischen Unterholz aussieht, in dem der neue Kreuzberger Straßenkampf leise, verbissen und unter Anwendung aller gerade noch zulässiger Finessen geführt wird.

»Der Baunutzungsplan sagt klar, was baurechtlich gemacht werden kann. Dieses Instrument des Bauplanungsrechts haben wir in Friedrichshain als Teil des alten Ostberlin nicht. Deshalb mussten wir immer wieder Hostels in Wohngebieten genehmigen. Vor etwa drei Jahren haben wir die Reißleine gezogen und solche Genehmigungen an sehr enge Kriterien geknüpft. Seitdem haben wir in Friedrichshain in Wohngebieten kaum noch neue Hotels und Hostels genehmigt. Unser strategisches Ziel ist ganz klar, Wohngebiete von Tourismus zu entlasten, ganz ausgeprägt seit fünf Jahren, auch in Folge der Diskussionen um die Entwicklung in der Simon-Dach-Straße.«

Schulz gehen die Details und Beispiele nicht aus. Er ist im Prinzip sachlich und gelassen, ein in Jahrzehnten Kommunalpolitik gestählter Profi, der sich einen kühl analytischen Blick auf das politisch und, noch viel wichtiger, das verwaltungsrechtlich Mögliche angewöhnt hat. Aber ab und zu wird er richtig sauer. Zum Beispiel beim Thema Glasscherben: »Bei den Spätimbissen hat der Bezirk keine Eingriffsmöglichkeiten, die können die ganze Nacht Alkohol verkaufen. Die Landespolitik will da nicht ran. Was mich ärgert, sind die Scherben in den Grünanlagen, im Görlitzer Park. Morgens kommen Kita-Gruppen, wir müssen dafür sorgen, dass da nicht überall Bierflaschenscherben im Gras liegen. Das ist ein großer Aufwand. Allein die Reinigung der Grünanlagen von Scherben, von Fastfoodverpackung und Partymüll kostet den Bezirk jedes Jahr 800.000 Euro. Das Geld würde ich lieber in die Kitas stecken. Dieses Partypublikum hat zu seiner Umgebung ein gleichgültiges, verbrauchendes Verhältnis.«

So wie sich seine Stimme hebt, wie er sich in Rage redet und dabei etwas lauter wird, klingt es, als würden irgendwelche Idioten ihm persönlich gerade 800.000 Euro klauen. Wie sich hier penible Bürokratenregelwerkkompetenz, echte, unverstellte Empörung und das Unverständnis über Leute, die zu unhöflich sind, ihre Bierflaschen einfach selbst zu entsorgen, mischen, bricht im routinierten Verwaltungsprofi Schulz kurz mal der Kreuzberger Bürger durch, dem das alles nur noch auf die Nerven fällt. Und Schulz weiß nicht nur als Bürokrat, wovon er redet. Er wohnt im Wrangel-Kiez, den von Hipster-Touristen und Clubs brachial überrollten Straßenzügen im Armutsstadtteil.

Nächstes Nahkampfbeispiel, wieder eine Schulz-Lektion in angewandtem Verwaltungsrecht: »In der Oranien-, Ecke Adalbertstraße hat ein Eigentümer 2011 sein Mietshaus entmietet und stellte einen Bauantrag, weil er das zum Hostel umbauen wollte. Mein Eindruck war, wenn man da nachgibt, öffnet man eine Tür, und in fünf oder zehn Jahren wird die Oranienstraße nicht mehr zu erkennen sein. Es gibt ein Berliner Oberverwaltungsgerichtsurteil, das wohnähnliche Nutzung im baurechtlichen Sinn dem normalen Wohnen gleichstellt. Das bedeutet, wir hätten baurechtlich keine Handhabe gehabt, dieses Hostel zu verhindern. Wir haben aber in diesem Gebiet eine soziale Erhaltungsrechtsverordnung, die die Veränderung von

Wohnen in wohnähnliche Nutzung genehmigungsbedürftig macht. Das ist ein städtebauliches Instrument aus dem Baugesetzbuch, Paragraf 172. Das war das einzige Instrument, mit dem wir dieser Umwidmung Einhalt gebieten konnten. Mit der Nichtgenehmigung haben wir den Besitzer aufgefordert, das Haus wieder für den Wohnungsmarkt zu vermieten. Entscheidend war für uns, den Einbruch der verglichen mit Mietwohnungen ungleich lukrativeren Hostels in diesem Wohngebiet zu verhindern.«

Wie es aussieht, hängt die Frage, ob Kreuzberg in die Touristenhölle kippt, unter anderem von Worten wie Erhaltungsrechtsverordnung, Baugesetzbuch, Zweckentfremdungsverbotsverordnung oder Oberverwaltungsgerichtsurteil ab. Der Kreuzberger Straßenkampf geht weiter.

Der touristische Blick 1:
Ein bisschen Theorie
muss sein

»Die Touristen, die die erdrückende Mehr-
heit der Menschheit darstellen, die überlas-
sen die Erfahrung ihren Kameras, wenn sie
vor den Pyramiden stehen. Was denn für
Erfahrung? Was bedeutet die denn?«

René Pollesch

Wenn er meint, Berlin zu besuchen, sucht der
unbedarfte Tourist die Bestätigung dessen,
was er von »Lonely Planet«-Reiseführern und
Postkartenansichten kennt, Tourismus als
Klischee-Abgleich. Der britische Soziologe
John Urry hat diese Mechanismen in seiner
Studie zum »touristischen Blick« (»The Tourist Gaze«) mit der Nüchternheit des Sozial-
wissenschaftlers auseinander genommen:
»When we ›go away‹ we look at the environ-
ment with interest and curiosity. It speaks to
us in ways we appreciate, or at least we anti-

cipate that it will do so. In other words: we gaze at what we encounter.«

Der Tourist sieht, was er erwartet zu sehen. Unschuldig, naiv, unmittelbar ist daran nichts, schon weil eine ganze Branche der Freizeitindustrie an der Perfektionierung dieser »visual consumption«, des visuellen Konsums der bereisten Stadt, arbeitet: »Many professional experts help to construct and develop one's gaze as a tourist«, argumentiert Urry.

Der Berlin-Tourist besucht die Stadt nicht wie gerne behauptet, um Unerwartetes zu entdecken, sondern im Gegenteil, um Erwartetes abzuhaken. Sein Berlin ist, je nach Milieuvorliebe die Techno-Absturzmeile, der Hipster-Hotspot, das ewige Kreuzberg oder Berlin, das Schmuddelloch, der Problembezirk, eine einzige, große Rütli-Schule. Gesetztere Berlin-Besucher verwechseln Berlin dagegen eher mit dem KaDeWe, dem Alten Museum, dem Brandenburger Tor und dem Potsdamer Platz. In diesem imaginären Berlin-Film will der Tourist mitspielen. Das erklärt die unbegründete Begeisterung, die bei schlichten Gemütern allein die Tatsache auslöst, vor bekannten, zu Tode fotografierten Orten zu stehen.

Diese Verwandlung der Stadt ins Klischeebild ist so alt wie der Städtetourismus. »Das

Paris Cartier-Bressons oder Brassais hat ganze Generationen von einheimischen und touristischen Fotografen nicht nur eben deren Stadt suchen lassen, sondern ihr Sehen insgesamt gelenkt, das sich als scheinbar dokumentarisch verstand und doch so durch und durch ästhetisch ist, wie die entsprechenden Reportagen von Weegee in New York«, konstatiert der Kultursoziologe Albrecht Göschel. Was er höflich »ästhetisch« nennt, ist eine Wahrnehmung, die die fremde Stadt auf die Wiedererkennbarkeit ihrer Bildreize reduziert.

Der touristische Blick verwandelt die Welt in ein Filmset, eine Fototapete, eine Eventlocation, einen Abenteuer-Zoo. Dabei missversteht der Tourist das, was er sieht, als authentisch, bedeutungsvoll und aufregend. Er verleiht der letzten Banalität Bedeutung, und freut sich, wenn er heruntergekommene Hinterhöfe in Neukölln, Straßencafés am Kollwitzplatz, Graffiti in Kreuzberg oder die träge dahinplätschernde Spree unter der Oberbaumbrücke fotografiert.

Die Erklärung für diese skurrile Bedeutungsaufladung simpler, nicht einmal besonders schöner Stadtansichten liefert mit angemessenem Spott der amerikanische Zeichen- und Literaturtheoretiker Jonathan Culler: »The tourist is interested in everything as a sign of itself, an instance of a typical cultural practice: a Frenchman is an example of a Frenchman, a restaurant in the Quartier Latin is an example of a Latin Quarter restaurant, signifying ›Latin Quarter Restaurantness‹. All over the world the unsung armies of semiotics, the tourists, are fanning out in search of signs of Frenchness, typical Italian behavior, exemplary Oriental scenes, typical American thruways, traditional English pubs.«

Selbstverständlich ist der touristische Blick, der die Stadt zur Zeichenmaschine und Klischeebestätigungsveranstaltung macht, nur an der Oberfläche, nicht am Realgeschehen interessiert. Culler kippt elegant Häme über dieses Spiel der Ästhetisierung: »Deaf to the natives' explanations that thruways just are the most efficient way to get from one place to another or that pubs are simply convenient places to meet your friends and have a drink, tourists persist in regarding these objects and practices as cultural signs.«

Übertragen auf Berliner Verhältnisse bedeutet das, dass ein vermüllter Park im Prenzlauer Berg, triste Altbauten in Neukölln oder die noch tristeren Hochhäuser am Potsdamer Platz dank der Aufladung mit Berlin-Bedeutung zumindest in den Augen schrulliger Touristen gänzlich unverdienten

Glanz ausstrahlen. Der Berlin-Tourist, der vor lauter klischierten Bildern nichts sieht, wirkt wie die überdeutliche Illustration für Guy Debords Diagnose, in modernen Gesellschaften erscheine »das ganze Leben (...) als eine ungeheure Sammlung vom Spektakeln. Alles, was unmittelbar erlebt wurde, ist in eine Vorstellung entwichen. Die Bilder, die sich von jedem Aspekt des Lebens abgetrennt haben, verschmelzen zu einem gemeinsamen Lauf.«

Berlins Tourismuswerber müssen nicht erst Debord, Urry oder Culler lesen, um zu wissen, dass ihr Job die Arbeit am eingängigen Bild der Metropole ist. Wenn der touristische Blick die Stadt vor allem als Spektakel wahrnimmt, folgt er nur der Logik eines Transformationsprozesses des urbanen Raumes, der, in der Sprache der Stadtplaner, zur »creativ city« wird.

Der Kultursoziologe Andreas Reckwitz beschreibt das in seiner einschlägigen Studie zum »Prozess gesellschaftlicher Ästhetisierung« (»Die Erfindung der Kreativität«) als eine »Kulturalisierung der Städte (...), die sich zunehmend nicht mehr als funktionale, sondern primär als kulturelle Gebilde verstehen. (...) Das zentrale Merkmal dieses Stadttypus besteht darin, dass er für Bewohner, Besucher und Berufstätige zum Produktionsort immer neuer Zeichen, Erlebnisse und Atmosphären wird.«

Diese Zeichen, Erlebnisse und Atmosphären sind es, die die Touristen in Berlin suchen, und die, da die Nachfrage das Angebot bestimmt, die Berliner Tourismus-Industrie zu liefern sich bemüht.

Der touristische Blick 2:
Das Bild imitiert die Wirklichkeit.
Oder umgekehrt

Wichtiges Element im touristischen Berlin-Bild ist der raue, etwas ungewaschene Charme der Prekariats-Boheme. Dieses Element will gehegt und gepflegt werden. Wer weiß, vielleicht ist ja auch die Berghain-Dichterin Helene Hegemann mit ihren frei erfundenen Berichten aus dem Absturz-nachtleben eine inoffizielle Mitarbeiterin der »Berlin Tourismus & Kongress GmbH«, die im Dienste des Tourismusmarketings am Mythos Berlin bastelt. Von den von entsprechenden Bildern und Berichten transportierten Exzess- und Grenzüberschreitungsfantasien und dem touristischen Wunsch, derlei Erlebniswelten einmal selbst live und in 3D zu besichtigen, lebt längst eine ganze Branche. Arbeit am rauen Berlin-Image ist Dienst am Wirtschaftswachstum.

Für andere Zielgruppen und Bereiche der Imageproduktion sind keine Kreuzberger

Krawall-Kleindarsteller oder fiktive Drogen-Party-Tagebücher, sondern die Vulgarismen des deutschen Privatfernsehens zuständig. Vorbildlich pflegt die RTL-2-Fake-Doku-Soap »Berlin Tag und Nacht« das Bild der Hartz-IV-Metropole, in der bildungsferne Schichten stolz ihre Tätowierungen spazieren führen. Was prompt von der Wirklichkeit kopiert wird, wenn die Discothek Matrix damit wirbt, dass in ihr Szenen der Soap gedreht werden. Es bleibt nicht aus, dass viele Gäste eigens wegen der Serie anreisen und in ihre Disco kommen, wie die Matrix-Betreiber gerne erzählen. Die Vermutung, dass sich ein erheblicher Teil der Matrix-Besucher inzwischen aus Zuschauern der RTL-II-Serie rekrutiert, die sich von ihrem Disco-Besuch Identifikationsmomente mit dem Serienpersonal versprechen, dürfte nicht allzu gewagt sein.

Auch die Pizzeria Ledi am Bahnhof Lichtenberg, ein anderer Drehort der Soap, ist zur Pilgerstätte der Soap-Fans geworden. »Viele heben hervor, wie weit sie gereist sind, um diesen Ort zu sehen, manche kamen sogar aus Spanien, der Schweiz oder Holland«, berichtet die *Berliner Zeitung*.

Ein ähnliches Muster, wenn auch in einem nicht ganz so tätowierten Milieu, konnte man Mitte der Nuller Jahre beim Kreuzberger Restaurant Markthalle erleben. Der originalgetreue Nachbau der Gaststätte diente in Leander Haußmanns Verfilmung von Sven Regeners Roman »Herr Lehmann« als Musterexemplar einer Kreuzberger Szene-Kneipe. Schon wenige Wochen nach dem Film-Start bevölkerten Regener-Touristen auf der Suche nach dem Kreuzberger Lehmann-Gefühl den Tresen und die Tische. Einheimische gingen zügig dazu über, ihr Bier an von schwäbischen Lehrerinnen auf Erlebnissuche und hessischen Oberschülern auf Klassenfahrt weniger frequentierten Orten zu trinken. Die Touristen saßen allein in der Film-Deko-Kneipe und fühlten sich als Lehmann-Kreuzberger.

Das Bild hatte die Regie übernommen und genügte sich selbst. Die Kneipe, die als Vorlage für die Fiktion diente, wurde zur Fortsetzung der Fiktion mit anderen Mitteln. Was damals die Kreuzberger Markthalle erlebte, die Verwandlung in die Kulisse eines von Projektionen veredelten Erlebnisangebots, erleben heute ganze Teile der Innenstadt.

Das Muster funktioniert natürlich auch in der Luxus-Hotellerie. Nach der Ausstrahlung des schwer nostalgiekitschhaltigen Fernsehfilms »Das Adlon – Eine Familiensaga«, verzeichnete das Hotel prompt eine Vervierfachung der Zimmeranfragen und eine Verdoppelung der Buchungen. Der PR-Erfolg hat spätestens dann, wenn Busladungen von Rentnern das Adlon-Foyer verstopfen, weil sie auch mal wie das ZDF-Personal in vornehmer Umgebung überteuerten Kaffee trinken wollen, seine komischen Seiten.

Die gegenseitigen Spiegelungen zwischen Bild und mehr oder weniger verzerrt Abgebildetem sind natürlich alles andere als neu. »Ahmt der Film die Wirklichkeit nach oder diese den Film?« fragte schon 1931 der Berlin-Flaneur Siegfried Kracauer, um festzustellen: »Zweifellos besteht eine innige Wechselwirkung zwischen der gedichteten Kolportage und der gelebten.« Prägnanter lässt sich eine zentrale Voraussetzung des Berliner Tourismus-Booms nicht beschreiben.

Shoppen

»Die Stadt wird nicht besichtigt, sondern eingekauft.«   Walter Benjamin, 1928

»Diese Städte funktionieren wie Flughäfen: Die immer gleichen Geschäfte sind an den immer gleichen Stellen.«
Rem Koolhaas, 2011

Das berühmte Statement des Architekten Rem Koolhaas, Shopping sei »die letzte verbleibende Form öffentlicher Aktivität«, mag etwas übertrieben sein, auf Berlin-Touristen trifft es zu. Touristen haben verstanden, dass sie nur durch den ständigen Tausch von Geld gegen Waren, Dienstleistungen oder Eindrücke ihre Anwesenheit im öffentlichen Raum rechtfertigen können.

Koolhaas weiter: »Durch eine Reihe zunehmend räuberischer Praktiken ist Shopping in der Lage, beinahe jeden Aspekt des städtischen Lebens zu kolonialisieren, ja, zu ersetzen.« Wenn es eine ideale Zielgruppe für diese vom Konsum kolonialisierte Stadt gibt, sind es Berlin-Touristen. Auf die Frage, weshalb sie Berlin besuchen, antworten 47 Prozent der befragten Touristen: Wegen der Einkaufsmöglichkeiten. »Dank attraktiver Einkaufsmeilen, der Langen Nächte des Shopping, verkaufsoffenen Sonntagen und Kampagnen wie dem ›Winter in Berlin‹ ist die Anziehungskraft der Stadt als Shopping-Destination heute größer denn je«, freut sich Visit Berlin. Das lohnt sich: »Rund 38,3 Prozent der touristischen Umsätze, bzw. 3,95 Milliarden Euro, verbleiben beim Einzelhandel«, rechnet Visit Berlin vor.

Wenn die Stadt für den Touristen zur bestaunten Fassade wird, liegt es für die werbetreibende Industrie nahe, diese Fassade mit Kaufanreizen und Markenlogos zu tapezieren. Ein apartes Beispiel dafür sind die in den touristischen Zentren, etwa Unter den Linden, am Brandenburger Tor oder am Gendarmenmarkt zu beobachtenden Fahrradrikschas. Sie sind mit ihrem dezenten Beigeschmack von Dritter Welt die Antwort des prekären Berlin auf die Salzburger Fiaker oder die Gondeln in Venedig. Das Angebot richtet sich schon deshalb ausschließlich an Touristen, weil kein Berliner so verhaltensgestört ist, sich in einer unbequemen Kutsche von einem schwitzenden Fahrradfahrer im Schritttempo durch die Stadt fahren zu lassen (außer vielleicht Klaus Wowereit). »Haupteinnahmequelle ist die Werbung an den Fahrzeugen, für die Unternehmen bis zu 1.800 Euro monatlich zahlen«, erfährt man im »Berliner Atlas paradoxaler Mobilität« über dieses Geschäftsmodell, das ein anachronistisches Verkehrsmittel nonchalant mit zeitgenössischer Promo-Belästigung verknüpft. Wie die Fahrradrikscha ökonomisch eine Werbemaßnahme ist, die sich als Verkehrsmittel tarnt, sind auch Showrooms und Flagshipstores großer Markenhersteller vor allem Marketingplattformen, deren Aufgabe primär darin besteht, die Sichtbarkeit der Marke im öffentlichen Raum zu sichern. Was aussieht wie ein Nutzwertangebot (ein Transportmittel, ein Geschäft) ist in Wirklichkeit und in der ökonomischen Funktion vor allem ein Bild.

In der touristisch dominierten Friedrichstraße und in der Gegend zwischen Hackeschem Markt und Münzstraße wird die Stadt selbst zum Showroom. Von Porsche Design und Boss bis zum Häagen Dasz Shop, Fred Perry, Adidas, Freitag Taschen und dem bisher nicht unbedingt unter erhöhtem Hipness-Verdacht stehenden Unterhosenhersteller Schiesser reiht sich Showrom an Showroom. Treiber dieser Entwicklung ist der stete Touristenstrom. Natürlich gibt es das alles auch in groß, brachial und massentauglich, dann heißt es Niketown oder Alexa.

Interessant ist, welche Mühe die Showroombetreiber in der touristifizierten Zone auf die Markeninszenierungen verwenden und welche Erzählungen damit hergestellt werden. Im »Adidas Original Store« in Berlin-Mitte beispielsweise tut der Weltkonzern so, als wäre er das nette kleine Szene-Start-Up von nebenan. Die Retro-Anmutung des Warenangebots spielt mit dem Versprechen, dass es hier um das Gute, Echte, Authentische, geradezu Antikommerzielle gehe: Es gibt sie noch, die guten Turnschuhe. Was Adidas so kommuniziert, ist die Illusion, dass der Kauf eines Produkts der Adidas Original-Linie im Prinzip ein antikonsumistischer Akt sei.

Im Freitag-Taschen-Showroom ein paar Meter weiter verweist das Interieur dezent auf die Welt der Industrie. An schweren rostigen Stahlträgern hängt ein massiver Flaschenzug als Deko-Element von der Decke. Die Böden, rauer Beton oder abgetretenes Linoleum, scheinen ebenso wie die Treppe aus abgenutztem Eisen aus einer alten Fabrik zu stammen. Diese Zitate aus der Sphäre der industriellen Produktion werden hier, im Designer-Geschäft in einer der teuersten Gegenden Berlins, zum aparten ästhetischen

Reiz, der passgenau auf das Alleinstellungsmerkmal wie das Design der aus gebrauchten LKW-Planen hergestellten Freitag-Taschen abgestimmt ist. Ein alter, simpler Schreibtisch samt Holz-Bürostuhl und altmodischer, mechanischer Schreibmaschine schmückt als Dekoration den hinteren Ausstellungsraum. Er stammt offenbar aus einem alten, vermutlich eher freudlosen Büro, könnte aber genau so gut einem heutigen Kreativen mit einem Faible für alte Dinge gehören. Alter Nutzwert ist hier vollends in Bildwirkung zu Marketingzwecken übergegangen.

Ein paar Straßen weiter lässt sich im Einzelhandelsgeschäft »The Early Bird Hype« am Warenangebot ablesen, wie weit fortgeschritten Infantilisierung und ablenkungsbedürftige Langeweile bei der touristischen Hipster-Kundschaft ist. Das Angebot reicht von entfernbaren Fingertatoos, bunten Geldbeuteln aus »extrem robuster papierähnlicher Kunstfaser«, einer »handlichen Soundmaschine mit 16 verschieden Horror-Soundeffekten, wie z.B. eine langsam knarrende Tür, heulender Wind, Rabenkrähen, verschiedene Schreie, Wolfsgeheul« bis hin zu einer elektrischen Flugzeugstartrampe für Papierflieger. Ohnehin zur Regression neigende Hipster-Touristen dürften begeistert sein. Und so weiter, und so weiter, und so weiter.

Kongresstourismus
Raumschiff ICC

Eine besonders bizarre Alien-Spezies sind die Berliner Kongress-Touristen. Man erkennt sie im Straßenbild daran, dass sie gerne in Rudeln auftreten und in der Regel Business-Anzuguniform tragen müssen, gerne auch mit umgehängtem oder angestecktem Namensschild. Vielleicht aus Angst vor Berlin, vielleicht auch nur, weil das Spesenkonto mehr als Kongress-Hotel-Einheitsverpflegung nicht hergibt, behelligen viele der Kongresstouristen in der Regel nur ihresgleichen und die jeweiligen Servicekräfte: Tagungs- und Kongressteilnehmer ohne Übernachtung lassen 78 Euro in der Stadt, wissen die Marktforscher von Visit Berlin zu berichten. Wer als Kongresstourist in Berlin übernachtet, gibt im Schnitt 230 Euro pro Tag aus. Der Branche geht es gut: Zwischen 2003 und 2011 hat sich die Zahl der Berliner Kongressbesucher von 4,2 Millionen auf 9,7 Millionen mehr als verdoppelt. Tendenz: weiter steigend.

Im Parallel-Universum der Berliner Kongresszentren fanden 2011 über 115.000 Veranstaltungen und Tagungen statt. Jeden Tag übersteht Berlin im Schnitt mehr als 300 solcher Events – von der Jahrestagung der Deutschen Gesellschaft für Schlafforschung und Schlafmedizin (DGSM) e.V. bis zur Bundesvertreterversammlung der Deutschen Rentenversicherung Bund, vom 55. Ball der Gartenfreunde bis zur Fruit Logistica, der Herbsttagung der Deutschen Diabetes-Gesellschaft oder dem Deutschen Kongress für Orthopädie und Unfallchirurgie.

»Laut Statistik der International Congress & Convention Association (ICCA) ist Berlin weltweit auf Platz 4 der Kongressdestinationen«, meldet die Berlin Tourismus & Kongress GmbH. »Mit 147 Verbändekongressen belegt Berlin den vierten Platz hinter Wien (181), Paris (174) und Barcelona (150) und vor Metropolen wie Singapur (142), London (115) und Rom (92). Die deutsche Hauptstadt behauptet sich bereits seit acht Jahren erfolgreich im Top-5-Ranking internationaler Kongressmetropolen.« Irgendwie logisch: Das Rhetorik- und Selbstdarstellungsbusiness passt bestens zu einer Stadt, in der ohnehin lieber geredet als gearbeitet wird.

Mal sind die Kongresszentren wie das Quadriga Forum, das dbb forum berlin oder das Café Moskau modernistisch in Glas und Stahl gehalten und signalisieren mit Designer-Büromöbeln in weiß oder rot entschlossen den Willen zur Zukunft. Mal demonstrieren sie wie das Estrel Hotel in Neukölln mit dem Hauptsache-praktisch-und-gesichtslos-Stil von Vertreter-Hotels Kostenbewusstsein. Die gehobene Klasse des Regent Berlin schmückt sich mit Nostalgie-Appeal und unterstreicht mit schweren Teppichen und Kronleuchtern einen gewissen Abstand zum Kongress-Proletariat der Drei- und Vier-Sterne-Absteigen.

Das Estrel Hotel muss man sich als eine große Maschine vorstellen, die jeden Tag tausende Gäste so effizient und reibungslos wie möglich durchschleust. Von der Rezeption zum Hotelbett, vom Frühstück zu einer der vielen Tagungen, Firmenevents, Produktpräsentationen, Parteitage, der Zalando-Weihnachtsfeier oder Mitarbeiterschulungen, von den fünf Restaurants mit Kleinstadt-Fußgängerzonen-Appeal zum hauseigenen abendlichen Unterhaltungsprogramm, der fünfmal wöchentlich abgespulten Doppelgängershow »Stars in Concert« mit Blues-Brothers-, Monroe- oder Beatles-Doubles. Das Estrel ist mit 1.125 Zimmern, einem Jahresumsatz von etwa 50 Millionen Euro und 15.000 Quadratmetern Veranstaltungsfläche mit Abstand das größte Hotel Berlins. Das will gefüllt werden, am besten mit Großevents.

»Wir hatten hier Boxkämpfe, Aktionärsversammlungen, Parteitage, Automobil-Präsentationen«, zählt Ute Jacobs, die geschäftsführende Direktorin, auf. Dem Kongress-Hotel ist alles gleich, nur Beleuchtung, Deko und Bestuhlung wechseln. Über die Hälfte der Hotelgäste sind Kongressteilnehmer. Bei einer durchschnittlichen Verweildauer von zwei Tagen sehen viele von Berlin nur das Innere des Hotels. »Das Gesamtpaket aus Kongress, Hotellerie, Entertainment ist unser USP«, erklärt die geschäftsführende Direktorin. So entsteht ein geschlossenes, von der Stadt weitgehend abgekoppeltes System, in dem Kongress und Event für ausgelastete Hotelzimmer und Doppelgänger-Show-Publikum sorgen. Mit Glamour hat das nichts zu tun. Von den Hotelfenstern aus sieht man auf tristes Industriegebiet oder die Sonnenallee.

Der größte der Kongress-Unorte, das ICC, liegt in einer urbanen Brache, direkt an der Autobahn im Niemandsland, dort, wo die Stadt am hässlichsten ist. Schon wegen seinem Brutalität-in-Beton-Retro-Futurismus im Stil der späten 70er Jahre, wäre es schade, wenn das ICC wirklich Ende des Jahres 2013 den Weg allen Kongressabfalls gehen und für immer entsorgt werden würde. Es ist ein Monument des real existierenden Kapitalismus, ein Grab sinnlos vergeudeter Lebenszeit, ein Mahnmal für den unbekannten Angestellten, das jeden Denkmalschutz verdient hat.

Sein monströses Äußeres lässt keinen Zweifel daran, dass nur verfluchte und verlorene Seelen von einem grausamen Schicksal oder der eigenen Karriereplanung dazu verdammt sind, ihre Tage in seinem Inneren zuzubringen. Wer einmal in den endlosen Gängen des ICC gefangen ist, sieht frühestens bei Kongressende wieder Tageslicht. Man stelle sich eine Kombination von Piranesis Stichen verschlungener Gefängnislabyrinthe mit ihren ins Nichts führenden Stegen und einer gnadenlos auf Freudlosigkeit ausgerichteten Variante eines riesigen Las-Vegas-Hotel-Bunkers vor – das etwa sieht, wer das Unglück hat, in die Eingeweide des ICC zu geraten.

Schon beim Betreten das Gebäudes beschleicht den Besucher das Gefühl, an einem Menschenversuch teilzunehmen, bei dem die Probanten, beobachtet von sadistischen Wissenschaftlern, mit Signalsystemen durch fensterlose Räume und Labyrinthe geführt werden, um zu testen, nach wie vielen Stunden oder Tagen die ersten Testpersonen durchdrehen und Amok laufen oder ihrem sinnlosen Leben ein Ende bereiten.

Der Rest des Landes könnte verschwinden, die Insassen dieses wohltemperierten, teppichgedämpften, stahlverkleideten, gegen die Stadt zuverlässig abgeschotteten Kongress-Raumschiffes würden einfach weiter vor sich hin reden und im Autopilotmodus Bedeutung simulieren. Die Selbstreferenz ihrer Textgirlanden braucht keine Außenwelt.

Eine schöne Vorstellung: Tausende Kongressteilnehmer im ICC spielen in Endlosschleife immer wieder den gleichen Tag durch, eine Gesellschaft leer laufender Bedeutungsträger, die wie in Buñuels Film »Der Würgeengel« den Salon ihrer Selbstdarstellung und Statusversicherung nicht mehr verlassen können und jeden Tag die gleiche pappige Kongressnahrung, die gleichen pappigen Debattenbeiträge im fortgeschrittenen Profi-Floskelsound ihrer jeweiligen Branche zu sich nehmen müssen. Dante und Vergil hätten ihre helle Freude beim Gang durch dieses Purgatorium der Angestelltenkultur.

Zumindest in einer Hinsicht ist der Kongresstourist ehrlich und erfrischend illusionslos. Sein Blick auf Berlin kann auf Projektionen von Freiheit und Abenteuer verzichten. Die hohe Medien-, Journalisten- und Lobbyistendichte, die räumliche Nähe zur Bundesregierung sind nur pragmatische Standortvorteile und garantiert freudlos. Der Kongresstourist muss anders als die Hipster-Touristen Berlin nicht als postkapitalistische

Insel der Seligen romantisieren. Schließlich ist er nicht zum Vergnügen hier, sondern für das Geschäft, zur Netzwerkpflege, weil der Chef es will oder um sich der eigenen Bedeutung zu versichern. Er will den Tag nur irgendwie überstehen, bis ihn das Kongresszentrum wieder ausspuckt.

Kein Wunder, dass der Kongresstourist auch bei seinen zwischenmenschlichen Bedürfnissen und dem Wunsch, mit Eingeborenen Kontakt aufzunehmen, auf Service, Effizienz und kundenfreundliche Kosten-Nutzen-Relation wert legt. Kongresstouristen scheinen dazu zu neigen, sich im Bordell von der Sinnlosigkeit des Kongresswesens zu erholen. Oder woran sonst könnte es liegen, dass Berlins größtes Bordell Artemis damit wirbt, dass es »nur 500 Meter« vom ICC entfernt das Rotlicht angeschaltet hat und auf Freier wartet.

Geschichte wird entsorgt

Dass noch die langweiligsten Orte Berlins für wohlige Schauder gut sind, wenn man sie nur mit ein paar Klischeebildern aus dem historischen Fundus der Pop-Kultur auflädt, führte der alte Düstermann Lou Reed geradezu rührend und herzerwärmend in seinem dem »Brandenburg Gate« gewidmeten Song vor. Spazieren andere Amerikaner durch die Touristen-Zone am Brandenburger Tor, denken sie vermutlich in der Regel an nichts Böses, falls sie außer »Wow, the Brandenburg Gate« überhaupt etwas denken.

Nicht so Lou Reed. Bei ihm flackert ein ganzer Sado-Maso-Historien-Horrorfilm auf. Er versinkt in einer altmodischen Schwarz-Weiß-Symphonie des Grauens samt dem Wunsch, sich zur Feier des Tages und des Ortes »legs and tits« abzuschneiden, warum auch nicht. Seine Gedanken schweifen vom heutigen Berlin zu Kindermördern und Dracula und den Schauspielern, die seine Albtraumhelden verkörpert haben:

»When I think of Boris Karloff and Kinski /
In the dark of the moon / It made me dream
of Nosferatu / Trapped on the isle of Doctor
Moreau / Oh wouldn't it be lovely / I was
thinking Peter Lorre / When things got pretty
gory as I / Crossed to the Brandenburg Gate.«

Wie es aussieht, befindet sich der Eingang
zur Hölle unmittelbar hinter dem Brandenburger Tor. Es muss der Genius Loci und der
Horror der deutschen Geschichte sein, der
hier durch Lou Reeds drogenimprägniertes
Hirn wabert und ihm einen Gruselromantik-
kick versetzt.

Lou Reed ist nicht der einzige, dem die
zwielichtige historische Reminiszenz über
eine geruhsame Berliner Gegenwart hinweg-
hilft. Wir wissen nicht, welche Drogen die
Betreiber einiger 2013 eröffneten, besonders
protzig-öden Restaurants genommen haben,
aber ihr Verfahren ähnelt demjenigen Lou
Reeds auffällig. Das neue Waldorf Astoria,
die Luxus-Absteige für den wohlhabenden
Langeweiler unter den Berlin-Besuchern, hat
mit der Lang Bar und dem Romanischen Cafe
gleich zwei Gastronomiebetriebe im Angebot,
deren Namen natürlich nicht halten, was sie
versprechen, dem halbgebildeten Nostalgiker
aber 20er-Jahre-Appeal signalisieren wollen.
Nach dem gleichen Muster missbraucht das
Restaurant Grosz im Haus Cumberland, ein

Ort für den saturierte Zehlendorfer Rentner, den Namen des Dadaisten als Reizverstärker.

»Und es gibt sogar etwas Originelles: die frisch gepressten Säfte, die nach Gemälden des Namensgebers Georg Grosz benannt sind. Der *Dorfschullehrer* (0,2 l = 5,80 Euro) etwa besteht aus Paprika, Sellerie und Apfel«, freut sich der Restaurantkritiker des *Tagesspiegel*. Dann waren Grosz' Kunstwerke einer aggressiven Spießerverhöhnung und seine Hass-Porträts der Upperclass-Visagen ja doch nicht ganz umsonst. Immerhin für die Inspiration zu einem überteuerten Gemüsesaft reicht seine Wirkung im neuen, touristischen Berlin.

Nicht nur linksradikale Dadaisten der 20er Jahre, auch Nationalsozialismus, Wannseekonferenz, Weltkrieg, Stasi-Gefängnisse und Wiedervereinigung tragen unter Tourismusmarketinggesichtspunkten das ihre zu Imagepflege und Umsatzwachstum der Destination bei. Das Mahnmal für die ermordeten Juden wird in den Werbefilmen von Visit Berlin als touristische Sehenswürdigkeit gewürdigt. Historische Filmaufnahmen mit SA-Aufmärschen werben in den Promo-Filmen von Visit Berlin für »over 764 years of history«.

Die Leichenberge der deutschen Geschichte bescheren der Tourismus-Destination Berlin viele schöne Gedenkstätten, im Idealfall sogar am authentischen Ort. Bei aller unbestrittenen Integrität, Ernsthaftigkeit und dem anspruchsvollem Bemühen in der inhaltlichen Arbeit zumindest einiger dieser Einrichtungen, registriert man doch mit einiger Beklemmung, wie die deutschen Großverbrechen als Unique Selling Propositions der Destination benutzt werden.

Die Unternehmensberater von McKinsey loben in der ihnen eigenen Verwertungslogik denn auch, dass Berlins »einzigartige Geschichte als Frontstadt des Kalten Krieges« zur »Attraktivität Berlins als Reiseziel« beiträgt. Vermutlich ist es nur reine Vorsicht gegenüber an diesem Punkt möglicherweise empfindlichen Kunden, dass die McKinsey-Tourismusforscher nicht auch die Villa der Wannseekonferenz, die Topographie des Terrors oder die Gedenkstätte Plötzensee zu den Orten zählen, die die »Attraktivität Berlins als Reiseziel« erhöhen.

Aber selbstverständlich sind auch die Orte, die an die Verbrechen der Nationalsozialisten erinnern, touristisch reizvoll und nicht vor der Barbarei des Spaßtourismus sicher. Weil dem Touristen alles zum Amüsement dient, legen die Berlin-Stadtrundfahrten der Firma Schröder Reisen, bei denen viertklassige Comedians zur Animation von Reisegesellschaf-

ten in Suff- und Feierlaune Zoten reißen,
auch im »Geschichtspark ehemaliges Zellen-
gefängnis Moabit« einen Zwischenstopp ein.
Hier wurden im Nationalsozialismus politische Gefangene gefoltert und ermordet. Kein
Grund, der angeschickerten Touristengruppe
die Partylaune zu verderben.

»Alle betreten die Zellen-Installation, einen
winzigen Raum. Die ganze Busladung steht
eng zusammen und singt ein Volkslied«, berichtet Sarah Khan, die sich für eine Repor-
tage in der *Süddeutschen Zeitung* diese Co-
medy-Bustour angetan hat. Eine Comedy-
Touristen-Animateurin sorgt auch in der
Zelle für gute Stimmung. »Aber schön beide
Arme heben, ruft sie, denn eine einzige Hand
heben, ist Nazi. Danach gibt's Fudschi«,
schreibt Khan leicht entsetzt über diese Gu-
te-Laune-Abgestumpftheit. Und die Reporterin fragt sich, wieweit der touristische Konsum der Stadt, der in aller Unschuld vor kei-
ner Schamgrenze Halt macht, noch gehen
wird:

»Wenn man das konsequent weiterdenkt,
steht dem Berliner Tourismus bald Eierlauf
durch die Topographie des Terrors bevor.
Sackhüpfen am Holocaust-Mahnmal. Migranten füttern im Hartz-IV-Park. Weil es ein
Publikum gibt, das dafür Geld zahlen würde.«

Dass auch Museen zur jüngeren deutschen Geschichte die Unterhaltungsbedürfnisse des Erlebnistourismus zu bedienen verstehen, demonstrieren das Mauer Museum am früheren Grenzübergang Checkpoint Charly und das DDR Museum (»Geschichte zum Anfassen«) auf der Karl-Liebknecht-Straße mit der Subtilität eines History-Disney-Lands. Wie sich Geschichte infantilisieren lässt, demonstriert das kommerzielle DDR Museum samt angeschlossenem DDR Restaurant (»Chefkoch Hans-Jürgen Leucht serviert Broiler mit Sättigungsbeilage – natürlich nach DDR-Rezept«). Das Museum selbst bietet putzige Diktatur-Folklore samt liebevoll im Spielzeugeisenbahnformat nachgebautem Mauerabschnitt mit Todesstreifen. Direkt neben den Besuchertoiletten befindet sich der Nachbau einer Verhörsituation. Wem langweilig ist, der kann Diktatur-Opfer spielen und sich das Gebrabbel eines Stasi-Offiziers anhören. Gleich nebenan lädt der detailgetreue Nachbau einer Gefängniszelle zum Verweilen.

Das Mauer Museum, eine Art Resterampe des Kalten Krieges, wirbt damit, dass es schon von Geistesgrößen wie David Hasselhoff oder Wolf Biermann beehrt wurde. Für 15 oder 25 Euro kann man im Andenkenshop kleine Zementbrocken, angeblich von der echten Mauer, kaufen. Auch hässliche Tassen mit Honecker und Breschnew im kommunistischen Bruderkuss oder Schokolade mit der Aufschrift »Your Are Leaving The American Sector« auf der Verpackung dienen der historischen Aufklärung. Das Umfeld wird geschichtserlebniskommerziell bespielt.

Im Jahr 2000 stiftete das Museum den Fake-Nachbau einer 1990 demontierten Kontrollbaracke. Statisten in GI-Uniform markieren die Vorposten der Freien Welt und lassen sich für zwei Euro fotografieren. Die Freie Welt besteht offenbar vor allem daraus, sich gegen schlechte Bezahlung zum Affen zu machen. Auf Wunsch drücken die Billig-Darsteller auch gerne »Original-Grenzstempel« in Pässe oder nehmen »Bananenkontrollen« in Kofferräumen vor. Nebenan sorgen herumstehende Mauerteile für Fotomotive. Sie sind konfus, aber bunt bemalt und symbolisieren vor allem, dass Touristen jeden Quatsch interessant finden. Dass das Geschichtsentertainment auch kunstgewerblich kein Erbarmen kennt, beweist wenige Meter weiter der Kitschmaler Asisi mit einem riesigen Mauerpanorama.

Noch etwas gröber auf Pathoswirkung kalkuliert war das 2004 von den Betreibern des Mauer Museums auf einer gepachteten Brache errichtete private Maueropfermahnmal mit einem Fake-Nachbau von etwa 200 Metern Mauer und 1065 übermannshohen schwarzen Holzkreuzen. Jedes der Kreuze stand für einen an der Mauer umgekommenen DDR-Flüchtling und war mit Namen, Lebensdaten und Foto versehen. Dass am Checkpoint Charly keine DDR-Bürger beim Fluchtversuch umgekommen sind, störte die Museumschefin Hildebrandt nicht weiter – was bedeutet schon die historische Wahrheit, wenn es um den Knalleffekt einer Geschichtsinszenierung geht.

In den Augen der Initiatorin des Maueropfermahnmals hatte der von Bund und Land in den 1990er Jahren errichtete offizielle Gedenkort für die Mauertoten an der Bernauer Straße den entscheidenden Nachteil, für Touristen nur schwer erreichbar zu sein. »Laut Hildebrandt sollten also nicht die Touristen zu den Gedenkorten, sondern vielmehr das Gedenken an die touristischen Aufenthaltsorte reisen«, kommentiert die Historikerin Sybille Frank die publikumsorientierte Logik der Geschichtsinszenierung.

Frank: »Dort sollten die Kreuze die Symbolik der Mauer und ihrer Opfer unmittelbar und drastisch vermitteln und Emotionen auslösen. Im Gegensatz zum fachwissenschaftlich geprägten Angebot des Gedenkorts Bernauer Straße, der eine abgeschlossene künstlerische Rekonstruktion der Berliner

Mauer, ein Mauer-Dokumentationszentrum sowie eine Gedenkkapelle aufwies, wurde das Mauermahnmal am Checkpoint Charlie als erlebnisorientierte Heritage-Stätte präsentiert, die sich in erster Linie an den Erwartungen internationaler Besucherinnen und Besucher orientierte.«

So geht die kommerzielle Verwertung von Geschichte als Touristenattraktion übergangslos in Grusel-Entertainment über.

Heitere Aussichten:
Berlin 2022

Der neue Flughafen BER wurde vor drei Jahren eröffnet, arbeitet aber bereits seit dem ersten Tag am Rand seiner Kapazitäten. Derzeit wird diskutiert, ob ein weiterer Flughafen gebaut oder die Kapazität der bestehenden Flughäfen, etwa durch den Bau zusätzlicher Landebahnen und Abfertigungshallen, erhöht werden soll. Tourismussenator Heilmann (CDU) ist zuversichtlich, dass im kommenden Jahr die Marke von 42 Millionen Übernachtungen erreicht und Berlin damit zur beliebtesten Tourismus-Destination Europas werden wird.

Die Tourismusindustrie ist der größte Arbeitgeber und die umsatzstärkste Branche Berlins. Praktisch alle politischen Parteien bemühen sich um ein gutes Verhältnis zum Tourismusverband, der mächtigsten Wirtschaftslobbyorganisation der Stadt. Der Präsident des Tourismusverbands, Prof. Dr. h.c. Klaus Wowereit, hat im vergangenen Jahr

Korruptionsvorwürfe unbeschadet überstanden. Vorstöße der Gewerkschaften, die zahlreichen prekär Beschäftigten in der Tourismusbranche durch einen Mindestlohn von acht Euro (ja, den Euro gibt es immer noch) zu schützen, wurden von Wowereit als »größenwahnsinnig« und »komplett daneben« zurückgewiesen. Tourismussenator Heilmann sprach von »unverantwortlichen Gedankenspielen.«

Teile der Innenstadt und Potsdams sind als »Touristische Zonen« ausgewiesen. In ihnen patrouilliert neben der Polizei ein vom Tourismusverband Berlin gestellter privater Wachdienst, der auch befugt ist, hoheitliche Aufgaben zu übernehmen. In den Touristischen Zonen gelten Sonderverordnungen, die auf Anregung des Tourismusverbands gelegentlich modifiziert werden. Verboten sind insbesondere Straßenhandel, laute Musik, Betteln, Demonstrationen, offene Prostitution, Skateboards und zu schnelles Fahrradfahren (es könnte die Golden-Age-Touristen erschrecken), sowie 52 weitere Ordnungswidrigkeitstatbestände. Ob als neue Ordnungswidrigkeit in den Touristischen Zonen »Unordentliches Auftreten, verwahrloste Kleidung« eingeführt werden soll, wird derzeit im Tourismusausschuss des Abgeordnetenhauses diskutiert.

Andere Bereiche der Stadt sind als »Vergnügungszonen« ausgewiesen. Auch in ihnen gelten Sonderverordnungen, die vor allem dazu führen, dass Anwohnerbeschwerden wegen Lärmbelästigung, nächtlicher Ruhestörung etc. aussichtslos sind. Ein Förderprogramm ist Mietern, die aus den Vergnügungszonen wegziehen wollen, bei der Suche nach einer Wohnung in den neuen Hochhaussiedlungen am Stadtrand behilflich und bezahlt die Umzugskosten. »Darauf sind wir stolz, das ist unser Beitrag zu einem sozialen Berlin«, erklärt Stadtentwicklungssenator Özdemir (Grüne).

Zentrale Straßenzüge in Kreuzberg, Friedrichshain, Neukölln und im neuen Trendbezirk Wedding bestehen ausschließlich aus Hotels, zu Hostels umgebauten ehemaligen Wohngebäuden, Restaurants, Souvenirshops, Imbissen und Großraumdiskotheken.

Die ehemalige »Straße des 17. Juni« (heute: »Google-Party-Zone«) und weite Teile des Tiergartens sind zu einem fest installierten Feierareal mit wechselnden Mottowochen umgebaut.

Besonders beliebt beim zahlungskräftigen Publikum der Generation 50-Plus sind die »Love-Parade-Techno-Retro«-Wochen im Sommer und Herbst, bei denen auf Initiative des Tourismussenators Heilmann der Genuss altmodischer weicher Drogen wie Ecstasy und Marihuana toleriert wird.

Da es bei den im Wochenrhythmus stattfindenden Public-Party-Events mit bis zu zwei Millionen Teilnehmern immer wieder zu Panikanfällen, Drogen-Überdosierungen, Herzinfarkten, Schlägereien, Selbstmordversuchen und Alkoholvergiftungen kommt, wurde vor vier Jahren ein kleines Krankenhaus mit großzügig ausgestatteter Notaufnahmestation direkt am südlichen Rand des Party-Areals eröffnet. Gute Erfolge werden auch mit der vor drei Jahren installierten Anlage erzielt, die bei ausbrechender Massenpanik oder Gewaltausbrüchen ein sanftes, aber schnell wirkendes, sedierendes Gas freisetzt.

Die größten Touristengruppen kommen aus den BRIC-Staaten Brasilien, Russland, Indien, China, außerdem aus der prosperierenden Türkei, aus Skandinavien und Argentinien. Im Luxussegment dominieren die Golfstaaten, China und die Schweiz. Die frühere amerikanische Botschaft in der Nähe des Brandenburger Tors wurde ebenso wie die ehemalige britische Botschaft zu einem Luxushotel der Kategorie 6 Sterne plus umgebaut. Beide Staaten mussten infolge der Weltwirtschaftskrise der Jahre 2018 ff. auf Druck des brasilianisch-chinesisch dominierten IWF Teile ihrer öffentlichen Infrastruktur an Privatinvestoren verkaufen. Dazu zählen auch die Repräsentationsbauten in Berlin.

Das Soho House hat 2017 Insolvenz angemeldet. In seinen ehemaligen Räumlichkeiten befindet sich heute ein Luxusbordell. Die Großraumdiskothek Berghain wurde 2018 vom Nachtleben-Mogul Kai Dieckmann übernommen und arbeitet seitdem wirtschaftlich erfolgreich. Es finden regelmäßig »Miss Berghain-Wahlen« statt. In der Jury sitzen u.a. Helene Hegemann und der inzwischen 87-jährige Intendant des Berliner Ensembles, Dieter Hallervorden. Auch hier wird auf Initiative des Tourismussenators der Konsum moderner weicher Drogen toleriert, bzw. von den traditionell mit Altmetall-Pircings im Gesicht dekorierten Türsteher obligatorisch verabreicht.

Weil zahlreiche kleinere Clubs infolge hoher Mieten im Lauf der Zehner Jahre aufgeben mussten, Clubbesuche als touristisches Angebot aber weiter stark nachgefragt sind, hat Visit Berlin in Kooperation mit der Clubcommission Berlin eine Reihe nostalgischer Clubmodelle mit starkem Retro-Appeal (»Modell Illegaler Club Stil Neukölln 2004«, »Modell Techno-Großraum Stil 1996«, »Rock'n' Roll Club Stil White Trash 2005«, »Freak Out Party Club, Stil Bar 25« etc) als Franchise-

Kette entwickelt. Wie bei Franchise-Modellen üblich, unterliegen die einzelnen Filialen strengen Auflagen, etwa im Umgangston und beim Dresscode des Personals, in der Musikauswahl, den Getränkepreisen und in der Inneneinrichtung.

Zertifizierte Franchise-Filialen werden aus dem Marketing-Etat von Visit Berlin quersubventioniert. Große Teile des kommerziellen Amüsierangebots in den Vergnügungszonen werden von einem Konsortium, hinter dem im wesentlichen Gastronomiekonzerne und Wirte des Münchner Oktoberfestes stehen, professionell organisiert und kontrolliert.

Regelmäßig finden »Touristen-verpisst-Euch«-Demonstrationen statt, deren Teilnehmerzahlen seit Jahren stetig steigen. Seit vor vier Jahren Rechtsradikale unter der Parole »Die deutsche Hauptstadt den Deutschen – Schützt Berlin vor der touristischen Überfremdung« an diesen Umzügen teilnahmen, kommt es immer wieder sowohl zu Verbrüderungen wie zu teils gewalttätig geführten Auseinandersetzungen zwischen Rechtsradikalen und der linken Szene zuzurechnenden Demonstranten.

Der als launige Provokation gemeinte Vorschlag der mit zehn Sitzen im Abgeordnetenhaus vertretenen Fraktion der »Hipster Antifa Neukölln«, diese berlintypische Protest-Folklore touristisch zu vermarkten (»so was kennt der Chinese nicht aus seiner Heimat«, so Fraktionssprecher Lobo), gilt inzwischen im Tourismusausschuss des Abgeordnetenhauses als zukunftweisendes Projekt. Geplant ist, die Demonstrationen künftig in das Party-Areal im Tiergarten zu verlegen und Plätze auf den mit Panzerglas und Elektrozäunen gesicherten Tribünen ins touristische Angebot der Stadt aufzunehmen.

Das Interesse der Reiseveranstalter ist groß. Die Erlöse aus den relativ hohen Eintrittsgeldern und dem begleitenden Merchandising werden zwischen Demonstranten und zusätzlich gecasteten Demonstrantendarstellern sowie den Sicherheitskräften aufgeteilt. »Wie sagte doch der große Burkhard Kieker einst in den bewegten Zehner-Jahren so schön: Berlin ist die Haupstadt der Coolness. Und so soll es bleiben«, so »Hipster Antifa Neukölln«-Sprecher Lobo.

Der Berliner Kulturetat wird komplett aus der Touristensteuer finanziert. Entsprechend wird von den Museen, Opern, Orchestern, Theatern und der »Koalition der Freien Szene« erwartet, zur touristischen Attraktivität der Stadt beizutragen. Bühnen und Museen mit einer touristischen Besucherquote unter 40 Prozent müssen mit schmerzhaften Etat-

Kürzungen rechnen. Die Kulturverwaltung ist eine Unterabteilung der Senatsverwaltung Tourismus. Bei Intendanzberufungen hat Tourismussenator Heilmann Vorschlags- und Veto-Recht.

Zahlreiche arbeitslose Schauspieler und einstige Kreative aus der »Digitalen Boheme« finden als Statisten, Fotomodelle oder Schausteller in den Touristischen Zonen oder als Animateure in den Vergnügungszonen Beschäftigung.

Besonders beliebt sind die Fotomotive »Hitler«, »Eisbär Knut«, »Lagerfeld«, »Vollbart-mit-Hornbrille-Hipster«, »Helmut Kohl«, »Berliner Irokesen-Punk« und »Homer Simpson«, die von den Statisten am Brandenburger Tor, am Mahnmal für die ermordeten Juden oder in den zentralen Ausgehzonen wie der Kreuzberger Oranienstraße dargestellt werden.

An regelmäßig von Visit Berlin evaluierten »Touristischen Hotspots« (THS), sorgen von Visit Berlin bezahlte Statisten, in der Regel umgeschulte Langzeitarbeitslose, im jeweils standardisierten, aber dezent variierten Outfit (Straßenmusiker, Pflastermaler, Hipster, romantische Liebespaare, etc) für urbane Atmosphäre.

Die Wirkung der eingesetzten Statisten auf Verweildauer, Besucherströme und Umsatz der umliegenden Gastronomiebetriebe, Geschäfte und Cafés wird kontinuierlich gemessen.

Nach dem Zusammenbruch der britischen Finanzindustrie und dem folgenden Platzen der Londoner Immobilienblase in der Weltwirtschaftskrise 2018 ist im verarmten London eine neue, antikommerzielle Kunstszene entstanden. Seit 2020 wechseln immer mehr Künstler, Designer, Galerien, Musiker, Clubs von Berlin nach London.

Auch die Eisdieler-Betreiber sind an die Themse gezogen. Vor kurzem haben sie das 12. Geschäft ihrer florierenden Kette mit tragbarer, bezahlbarer Designer-Kleidung eröffnet. Ein Angebot Vivien Westwoods (81), die gerne eine Kollektion bei ihnen herausgebracht hätte, haben sie abgelehnt: »Nicht ganz unser Stil.«

Matthias Lilienthal, der einst in Berlin ein kleines Theater geleitet hatte, gründete 2021 in London ein großes, interdisziplinäres Kulturzentrum. Für die nächsten zehn Jahre ist der Betrieb dank einer großzügig ausgestatteten Stiftung gesichert. Finanziert wird der Spaß unter anderem von Electro-Clash-Weltstar Peaches und aus dem Milliardenvermögen des Malerfürsten Jonathan Meese.

»Lilienthal, das ist Erzdemut, das ist die totale Diktatur der Kunst. Das muss zu uns nach London, der Erzstadt der Welt«, sagt der schon 2018 nach London gezogene Meese: »Berlin ist doch nur noch eine Fußgängerzone aus dem 20. Jahrhundert.«

Auschecken:
Danke, dass Sie mit uns
geflogen sind

Der Autor dankt den Interviewpartnern für ihre Zeit und ihre Auskunftsbereitschaft, vor allem Burkhard Kieker von Visit Berlin.

Mit sachdienlichen Hinweisen zu den Themenkomplexen Café Marx und Touristen Fisten weitergeholfen haben die geschätzten Kollegen Ingo Malcher und Thomas Ramge.

Ansonsten hat der Autor seine Freunde über die Grenzen des Anstands hinaus mit Fragen, Anrufen, Rechercheanliegen und dem Ansinnen, vielleicht noch ein Getränk zu nehmen, behelligt. Anja Scholtyssek, Wolfgang Pohrt, Wolf Lotter, Anja Quickert, Christine Wahl, Volker Gunske, Wolfgang Sinhart, Heiko Zwirner, Martin Muser, Michaela Schlagenwerth und der stoische Verleger Klaus Bittermann haben das großzügig ertragen. Danke.

Reiselektüre

Bachleitner, Reinhard: Der Tourist. In: Morbius, Stephan / Schroer, Markus: Diven, Hacker, Spekulanten, Frankfurt, Suhrkamp, 2010

Benjamin, Walter: Einbahnstraße, Frankfurt, Suhrkamp, 2009.

Brilli, Attilio: Als Reisen eine Kunst war. Vom Beginn der modernen Tourismus. Berlin, Wagenbach, 1995

Culler, Jonathan: Semiotics of Tourism. In: ders.: Framing The Sign: Criticism and Its Institutions, University of Oklahoma Press, 1990

Debord, Guy: Die Gesellschaft des Spektakels, Berlin, Tiamat, 1996

DeLillo, Don: Cosmopolis. Köln, Kiepenheuer & Witsch, 2003

Enzensberger, Hans Magnus: Eine Theorie des Tourismus. In: Ders.: Einzelheiten, Frankfurt, Suhrkamp, 1962

Florida, Richard: The Rise of the Creativ Class, New York, Basic Books, 2002

Frank, Sybille: Der Mauer um die Wette gedenken. In: Aus Politik und Zeitgeschichte, 31-34 /2011.

Göschel, Albrecht: Stadt 2030. Das Themenfeld Identität. In: Deutsches Institut für Urbanistik (Hg.): Zukunft von Stadt und Region. Wiesbaden, Verlag für Sozialwissenschaften, 2006

Hessel, Franz: Spazieren in Berlin, Berlin, Bloomsbury, 2011

Holert, Tom / Terkessidis, Mark: Fliehkraft. Gesellschaft in Bewegung – von Migranten und Touristen. Köln, Kiepenheuer & Witsch, 2006

Koolhaas: Mutations, zitiert nach: Foster, Hal: Design und Verbrechen, Berlin, Tiamat, 2012

Kracauer, Siegfried: Der Mörder Dimitri Karamasoff. In: Ders.: Von Caligari zu Hitler, Frankfurt, Suhrkamp, 1979

Kracauer, Siegfried: Kurort Berlin. In: Ders.: Straßen in Berlin und anderswo, Frankfurt, Suhrkamp, 2009

McKinsey & Company: Berlin 2020. Unsere Stadt. Wirtschaftliche Perspektiven durch neue Wachstumskerne. Berlin, 2010.

Rapp, Tobias: Lost and Sound, Frankfurt, Suhrkamp, 2009

Reckwitz, Andreas: Die Erfindung der Kreativität. Zum Prozess gesellschaftlicher Ästhetisierung, Frankfurt, Suhrkamp, 2012

Roth, Joseph: Berliner Vergnügungsindustrie, In: Joseph Roth in Berlin, Köln, Kiepenheuer & Witsch, 1996

Urry, John / Larsen, Jonas: The Tourist Gaze 3.0, London, Sage, 2011

Visit Berlin. Berlin Tourismus & Kongress GmbH (Hg.): Wirtschaftsfaktor für Berlin: Tourismus- und Kongressindustrie, Berlin, 2012.

Vogl, Joseph / Steinfeld, Thomas: Von Original zum Bild, In: Steinfeld, Thomas (Hg.): Die Zukunft des Reisens, Frankfurt, Fischer, 2012

Aus der Reihe Critica Diabolis

http://www.edition-tiamat.de